SCIENCE TRAVEL GUIDE
科学导游指南

丛书主编　陈安泽

赵春潮　宋彦栋　高淑艳　陈天恩　编著

上海科学普及出版社

图书在版本编目（CIP）数据

临城科学导游指南/赵春潮等编著.——上海：上海科学普及出版社，2012.8

（中国国家地质公园丛书）
ISBN 978-7-5427-5470-7

Ⅰ.①临…Ⅱ.①赵…Ⅲ.①旅游指南—临城县
Ⅳ.①K928.922.4

中国版本图书馆CIP数据核字（2012）第184063号

责任编辑：胡　伟
封面设计：李　军

中国国家地质公园丛书
临城科学导游指南

赵春潮　宋彦栋　高淑艳　陈天恩　编著
上海科学普及出版社出版发行
（上海中山北路832号　邮政编码200070）

各地新华书店经销　上海豪杰印刷有限公司印刷
开本889×1194　1/32　印张4.125
2012年8月第一版　2012年8月第一次印刷
ISBN 978-7-5427-5470-7　　定价：24.00元

丛书主编

陈安泽
著名旅游地学专家、中国地质科学院研究员

本书编辑委员会

主　　任// 李群江
副 主 任// 张新良　赵春潮　吴福国
委　　员// 宋彦栋　邢玉海　马凤书　王金刚　庞文国
　　　　　　李　川　戴肖华　陈发强　张志中
主　　编// 赵春潮　宋彦栋
副 主 编// 高淑艳　陈天恩
摄　　影// 侯胜杰　马凤书等
制　　图// 牛平山

主编的话

地质公园（Geopark）是21世纪涌现出来的一项新生事物，是地质工作开拓服务领域的一项创举，是旅游业的一个新品牌。顾名思义，地质公园是以地质遗迹为主要观赏、游览对象的公园。地质遗迹听起来似乎有些陌生，其实自然界的山山水水、古生物化石等都属于地质作用形成的地质遗迹，那些以真山真水构成的自然公园，都属于地质公园的范畴，只不过在本世纪之前没有正式命名罢了。值得特别提出的是，建立地质公园的思想是中国旅游地学家率先提出的，地学家在20世纪70年代末期为中国蓬勃兴起的旅游业服务中受到启发，为了保护地质遗迹和为旅游业提供具有地学知识含量的旅游场所，于1985年先后向国务院和原地质矿产部提出建立"地质公园"、"国家地质公园"的建议，因当时时机尚不成熟而未能正式实现。上世纪末，联合国教科文组织提出了建立"世界地质公园网络（Unesco Network of Geoparks）"的倡议，中国旅游地学家抓住这个机遇，于1999年向国土资源部提出建立地质公园的建议，国土资源部接受了建议，决定开展中国国家地质公园计划。于2000年末，云南石林等中国首批国家地质公园诞生，也是世界上第一次出现"国家地质公园"。到2011年止，中国已建成140处国家地质公园，另有60处获得了建设国家地质公园资格，正在积极建设中。在中国及欧洲推动下，2004年世界地质公园正式面世，现今中国已有26处地质公园成为联合国教科文组织"世界地质公园网络"成员，并有大批省级地质公园建立。在短短的11年中，一个管理级别有序、地质景观类型多样、地理分布面广的中国地质公园体系已初步建立，地质公园已成为最受欢迎的旅游对象之一，并展现了光明的发展前景。

地质公园担负着三项主要任务：第一，保护自然环境，保护地质遗迹；其次，开展普及地球科学知识，促进全民族科学素质的提高；第三，开展旅游活动，促进地方经济社会可持续发展。地质公园中不但含有各种具有特殊科学价值和美学价值的地质地貌景观，同时往往含有重要价值的人文景观和丰富多彩的生物、气象景观。游人在地质公园中，不但可以欣赏到山水美景，享受到优良的生态环境，还可以在游览中顺便获得许多地学、生物学和历史文化知识，增加游兴，获得高层次的精神享受。

但是，由于山水形成的道理较为深奥，许多游人在游山玩水中想获得这些知识却缺乏途径。为了把地质公园内涵丰富的科学价值、美学价值和历史人文等信息更好地传递给公众，使游人在欣赏山川美景、享受自然风光的同时，能够获取科学知识、感悟历史文化熏染，我们在各级国土资源部门和各地质公园的支持下，组织了国内著名的旅游地学专家，编纂了这套"中国国家地质公园丛书"。截止2011年已出版了庐山、五大连池、黄山、张家界等9本，受到了读者的热烈欢迎，也极大地鼓舞了编写人员的创作热情。自2012年起，对丛书进行改版，将国家地质公园按批准顺序编号，加快出版各地质公园单行本，并按惯例将各省按序编卷，出版各省、市国家地质公园丛书分卷本。丛书以国家地质公园为单位，从科学导游的角度，深入浅出、图文并茂地阐述各地质公园中各类地质地貌景观的形成演变、发展过程，同时还系统地介绍公园其它自然和人文景观，使科学和人文融为一体。书中还把各种景物按园区和旅游线路组织起来，方便读者阅读使用。另外，书中也介绍了公园周边风景名胜及去地质公园时如何安排吃、住、行、游、购、娱等实用信息，对自助旅游可以起到较好的指导作用。本丛书还是了解中国自然山水、人文历史的知识宝库，具有重大的收藏价值。

本丛书是一部巨著，并将随着地质公园的发展日益增多。笔者年事已高，完成这部巨著已力不从心，企盼尽早有人接替。衷心感谢王艳君同志、各位作者、上海科学出版社等在编辑出版过程中的尽力协助。

陈安泽
2012年5月

目录
CONTENTS

纵览临城　　　　　　　　　1
2 — 太行山上的璀璨明珠
7 — 北方奇观，大型综合地质博物馆
12 — 太行山最绿的地方

临城地史　　　　　　　　　17
18 — 地质背景
28 — 地质演化史
34 — 地质遗迹景观

人文历史　　　　　　　　　39
40 — 燕赵名邑
44 — 类雪如银话邢瓷
48 — 临城赵子龙文化

游览临城　　　　　53

55 — 崆山园区和白云洞景区

74 — 天台山景区

79 — 小天池景区

82 — 岐山湖服务区

84 — 古陆核地质遗迹保护点

85 — 蝎子沟

87 — 古文物景区

思索临城　　　　　93

94 — 崆山白云洞岩溶景观的形成

100 — 岩层沉积间断面的形成

103 — 长城系沉积岩相构造遗迹的形成

104 — 主要地层遗迹的形成

106 — 地貌景观资源的形成

旅游资讯　　　　　107

108 — 行　　　111 — 住

113 — 吃　　　115 — 游

116 — 购　　　120 — 娱

中国国家地质公园丛书编制出版编目

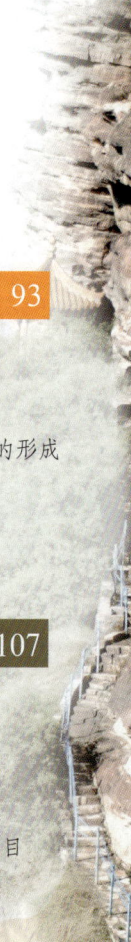

纵览临城

太行山上的璀璨明珠
北方奇观，大型综合地质博物馆
太行山最绿的地方

太行山上的璀璨明珠

临城坐落于太行山东麓，位于河北省西南部，距河北省省会石家庄市78千米。太行山的俊逸，泜河水的清澈，孕育和锻造出临城这一千年古城。它集秀美山水、人文历史于一体，正所谓"山水太行，魅力临城"。

▲ 临城国家地质公园在中国的位置
▶ 太行山地形全貌
▶ 山水临城

太行山又名五行山、王母山、女娲山。中国东部地区的重要山脉和地理分界线。屹立于北京、河北、山西、河南4省市之间。北起北京西山，南达豫北黄河北崖，西接山西高原，东临华北平原，绵延400余千米。太行山地区有众多河流发源或流经，使连绵的山脉中断形成"水口"，这里是华北平原进入山西高原的要道。

太行山呈东北—西南走向，局部地段近于南北走向。北起北拒马河谷地，南至山西、河南边境的沁河平原。中段出露部分片麻岩，南段和北段主要为石灰岩。山脊海拔1500～2000米。山地东侧为明

LINCHENG 临城

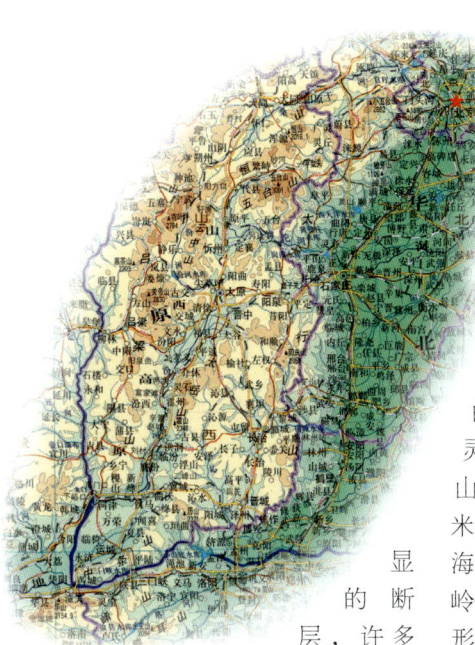

为东西交通重要通道。太行山东翼断陷盆地，其中分布有井陉、临城、峰峰、六河沟等著名煤矿。太行山为重要地理分界，山以西为黄土高原，以东为黄淮海平原。山地对夏季风有明显阻滞作用，迎风坡降水较多，并形成暴雨区。山地东侧为地震强烈活动带。太行山北高南低，大部分海拔在1200米以上。2000米以上的高峰有河北的小五台山、灵山、东灵山、白石山，山西的南索山、阳曲山等。北端最高峰为小五台山，高2882米；南端高峰为陵川的佛子山、板山，海拔分别为1745米、1791米。大兴安岭—太行山—巫山—雪峰山，是我国地形第二、三阶级分界线。

显的断层，许多地段形成近1000米的断层岩壁，气势雄伟。山脊西侧转为缓坦的高原。山地受拒马河、滹沱河、漳河、沁河等切割，多横谷，当地称为"陉"，古有"太行八陉"之称，

太行山从河北到河南纵贯南北，被称为中华民族的脊梁，孕育着中华文化，培育了中华民族的精神。在绵延千里、奇美博大的太行山南段东麓，有一座历史悠久、文化灿烂的古城，这就是

— 3 —

河北省邢台市。邢台北通幽燕，南达黄淮，西扼太行三关，东望华北平原，自然条件优越，有"鸳水滨，襄国故都，依山凭险、地腴民丰"的美誉。邢台是河北省级历史文化名城和省级园林城市，也是中国田径之乡、中国七夕文化之乡和中国太阳能建筑城。邢台市简称邢，别称卧牛城、邢襄，旧称邢国、襄国、邢州、顺德府。邢台是中国最古老的城市和古都之一，距今已有3500年的建城史，被专家誉为"先商之源、祖乙之都、邢侯之国"，先后做过商朝、邢国、赵国、常山国、后赵五个朝代和国家的国都，素有"五朝古都"之称。邢台历史源远流长，禹夏属冀州，商周为邢国，秦汉为巨鹿，晋隋改襄国，唐宋金称邢州，元明清为顺德府，今为邢台市，3000多年行政建制一脉相承，未有断绝。历史上曾多次作为帝王都城；历代皆为政治、经济、军事重镇；邢台也是中国许多重大历史事件的策源地，在漫长的岁月中，留下了弥足珍贵的历史文化遗产，其中许多是全国独有的，深厚的文化积淀和丰富的文化内涵，使邢台这座历史名城成为中华文明中的一朵奇葩。

千年古县临城就位于邢台市境内，属太行山中段。全县地势西高东低，呈阶梯状，山区、丘陵、平原各占三分之一，素有"七山二水一分田"之称，平均海拔773米。临城是冀南生态和人文旅游名县，拥有中国国家地质公园、国家森林公园、国家重点风景名胜区、国家4A级旅游区、全国农业旅游示范点、中国核桃之乡、中国板岩之乡等七大"国字号"品牌，被誉为七"国"临城。有人以"一窑"、

"一塔"、"一名将"、"一沟"、"一山"、"一洞天"形象地总结了临城丰富的自然人文旅游资源。"一窑"为隋唐邢窑遗址，当时所产的邢瓷是中国最早的日用细瓷，与越州青瓷以"南青北白"蜚声中外。邢窑遗址为国家级文物保护单位，临城发现多处遗址，因此又称"邢瓷故里"、"白瓷源头"。"一塔"是建于宋代的普利寺塔。据史载，此塔由宋徽宗亲自督建，为国家级文物保护单位。塔身为砖质结构，高33米，共9层，每层四角旧有玲珑铁钟一挂，晚风袭来，叮铛作响，有"普利晚钟"之称；塔外壁四周砖刻974尊佛像，内壁砖刻40尊佛像，形态各异，栩栩如生，故又名"万佛塔"。"一名将"指的是三国时期的名将赵云。传说他为临城澄底村人，现存有赵云故里石碑和古墓，《赵云故里传说》入选河北省非物质文化遗产名录。常胜将军赵子龙的"忠、义、仁、智、勇"精神激励着临城人民自信自强、拼搏奋进。"一沟"是蝎子沟原始

◀ 蝎子沟——"太行山上最绿的地方"
◀ 天台山览胜
▲ 北方喀斯特奇观——崆山白云洞

National Geopark of China | 中国国家地质公园丛书

次生林。总面积250平方千米，是国家森林公园，植被茂密，生态保存完好。森林覆盖率达89%以上，盛夏平均气温23℃，是天然氧吧、避暑胜地，被誉为"太行山最绿的地方"。"一山"是以丹霞地貌为特色的天台山。地质为5亿年以前造山运动形成的沉积岩，山顶峭壁远望像一座卧佛。主要景点有"天台卧佛"、"五谷仓"、"登天梯"、"龙首峡"以及慈云庵等八大寺庵遗址，是沉积岩学的天然博物馆、北方佛道名山。"一洞天"是中国北方最大的溶洞——崆山溶洞。以北方罕见的喀斯特地貌而著名，现有5个洞厅，总面积4200平方米，洞内道路里程2000米，洞体深幽，景观密集，被誉为"地下岩溶造型博物馆"和"世界喀斯特风景洞穴世博园"，是国家重点风景名胜区、国家4A级旅游区、国家地质公园，排名"中国十大奇洞"第七位。

临城以良好的自然生态条件，优美奇特的自然地理景观，悠久灿烂的历史文化，丰富的地方特色物产，成为太行山上的一颗璀璨的明珠。

北方奇观，大型综合地质博物馆

临城国家地质公园位于苍苍太行中段东麓的千年古县——河北省临城境内，是一座以岩溶洞穴为主体，融峰林地貌、嶂石岩地貌、重要地层单位标准剖面、典型滨浅海沉积特征、水体景观和人文历史古迹为一体的大型综合性地质公园。

◀ 岐山湖碧波万顷
◀ 丹山碧水天台山
▲ 构造侵蚀地貌——五谷仓

河北临城国家地质公园位于临城县境内，地理坐标位于东经114°05′00″～114°27′00″；北纬37°26′00″～37°33′00″范围内，总面积54.48平方千米。北距省会石家庄市80千米，南距邢台市50千米，东邻107国道、京深高速公路和京广铁路，区位优越，交通便捷。

临城国家地质公园是一座以岩溶洞穴为主体，融峰林地貌、嶂石岩地貌、重要地层单位标准剖面、典型滨浅海沉积特征、水体景观和人文历史古迹为一体的综合性大型地质公园。园区属于阜

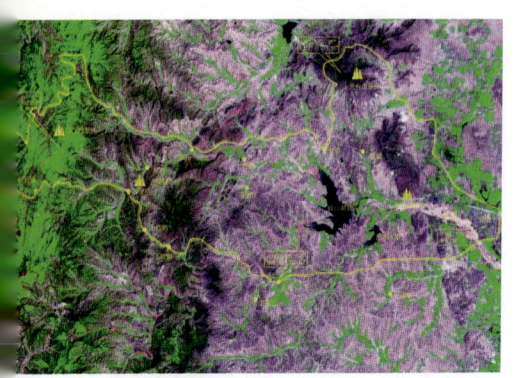

平——赞皇古陆核的南端,园区地层出露齐全,主要有中太古界、上太古界、古元古界、中元古界、下元古界;上古生界、中生界零星分布;新生界地层广泛分布。另有密集分布、平行排列的地质构造带。吕梁运动期始成太行山雏形,海水在奥陶纪中期退出。晚古生代时,山体发生凹陷,海水侵入。中生代时,南部上升,北部局部拗陷。燕山运动时,形成新华夏式褶皱带。喜马拉雅运动时,表现为强烈断裂,并伴随大幅度拗曲,形成复式单斜褶皱。漫长的地质年代造就了临城国家地质公园丰富典型的地质遗迹景观和秀美奇特的自然旅游资源,同时也见证了太行山亿万年的沧海桑田。主要地质遗迹和旅游资源包括以冲蚀、溶蚀、蚀余和次生化学沉积等类型的岩溶洞穴景观,典型地层剖面、地质事件界限、沉积岩层面构造等地质遗迹资源,断块构造、变质岩峰林

等地质地貌景观，泜河—岐山湖水体景观资源，以及天然次生森林、农业生态种植园等生物旅游资源和大量的历史人文旅游资源等。

河北临城国家地质公园由崆山园区、小天池园区两个园区组成，两个园区又包括3个景区即：崆山白云洞景区、天台山景区、小天池景区。崆山白云洞岩溶作用与岩溶地貌在中国北方具有一定的代表性，其岩溶造型、丰度、变化度典型丰富，美轮美奂。洞内岩溶微地貌景观琳琅满目、各具特色，集自然性、多样性、优美性和稀有性于一体。众多的网状卷曲石、鹅管、石针、石花、石旗、石盾、石珍珠、洞穴太湖石分布面之广，在全国少见，旅游价值很高。溶洞虽然没有贵州的织金洞、九龙洞，浙江的瑶琳洞那样拔地几十米的高大石笋、石柱和上万平方米的厅堂，也没有贵州龙宫、广西丰鱼岩那样可荡舟游览的地下河，但却有其婀娜多姿、小巧玲珑的独特微地貌造型景观。如果说北京石花洞是石盾博物馆、四川芙蓉洞是洞穴碳酸钙晶形艺术博物馆，那么白云洞就是石旗、石帷、卷曲石博物馆。依据溶洞的科学价值、美学价值、科普教育价值和旅游开发应用价值综合评价，被国内外洞穴专家赞誉为"北方一大奇观"、"地下岩溶造型博物馆"和"世界喀斯特风景洞穴世博园"。

天台山长城系石英砂岩地貌与邻近的嶂石岩地质公园既有类似之处，又有独特的造型，构造侵

◀ 临城卫星影像图
◀ 白云洞典型的岩溶溶洞地貌

知识链接

中国大陆板块的演化

中国大陆板块的演化经历了三次板块构造旋回的叠加。在元古代板块构造旋回末期曾联合为一个元古大陆，并与全球元古联合古陆聚敛在一起。在古生代板块构造旋回初期，中国元古大陆与全球元古联合古陆一起，同步发生裂解、漂移和海底扩张作用。中国元古大陆裂解为新疆古陆、华北古陆、华南古陆、柴达木古陆、华东古陆，它们之间为窄大洋所隔，在古生代时期各板块在赤道附近，向北半球低纬度带漂移，羌塘—印支古陆于晚泥盆—早石炭世时从冈瓦纳大陆裂解出来，随古特提斯洋的扩张自南半球向赤道漂移，经加里东、海西和印支运动，在古生代板块构造旋回末期，中国大陆主体又联合在一起，并使欧亚大陆形成。

蚀地貌"天台卧佛"形象逼真、宏伟壮观；石英砂岩层面的微观构造波痕、泥裂、交错层理，形态奇异，令人惊叹，为公园特有景观。天台山嶂石岩地貌，发育在长城系常州沟组地层，在地质构造的控制下，在流水侵蚀、重力崩塌和风力作用雕琢下，形成绵延数千米的岩墙峭壁，除东部天眼山顶层为石灰岩外，均由红色石英砂岩构成。远远望去，赤壁丹崖，如屏如画，极为壮观。其中以天台卧佛、五谷仓、龙首峡、丹霞叠瀑等景点最具代表性。地层层面构造、交错层理，真实完美地记录了距今18亿年～14亿年间古地理环境的变迁。其系统性、多样性、典型性、美观性都是罕见的，是沉积学中恢复古地理环境科学研究、普及地学知识、安排大中专院校教学实习的理想基地，被誉为沉积岩中的天然博物馆。

园区内外中太古代赞皇岩群和王家崇(混合)片麻岩，是太行山区南段最古老基底，变质年龄大于25亿年；晚太古代菅等片麻状含斑花岗岩、李家庄片麻状花岗岩为五台运动末期侵入岩的产物；古元古代后形成的官都岩群典型剖面、甘陶河群属古元

▶ 金龟曳书
▼ 小天池全景

LINCHENG 临城

古代末期沉积的一套复杂成分陆源碎屑—复理石—碳酸岩建造夹基性火山岩建造；中元古界长城系常州沟组石英砂岩及寒武系到中奥陶系灰岩、页岩及砂岩等海相沉积建造，既是地学研究的重要遗迹，也是科普活动和专业旅游的重要资源。

小天池景区南寺掌组浅变质砂岩、砂质板岩在构造作用下倾角陡立，在亿万年的河流流水侵蚀作用下，由于抗蚀性的差异，形成了凸起的剑峰状猪脊岭和千姿百态的象形石，被人们形象地称为剑林石、观景台、千层饼、将台岭、皇冠石等。

太行山最绿的地方

临城西依太行山脉,东接华北平原,幅员800平方千米,辖4镇4乡220个行政村。地势自西向东呈阶梯状分布,山区、丘陵、平原分别占35%、50%和15%,素有"七山二水一分田"之称。蝎子沟原始次生林是国家森林公园,植被茂密,生态保存完好,森林覆盖率达89%以上,盛夏平均气温23℃,是天然氧吧、避暑胜地,被誉为"太行山最绿的地方"。

▲ 金秋漫山红叶
▶ 绿意盎然
▶ 水天一色

河北临城国家地质公园园区西部多中、低山,群峰耸拔,以侵蚀构造地貌为主,是在构造抬升的基础上,经流水侵蚀塑造为单面山、猪背岭、深切沟谷等构造地貌,山势陡峻,群山峻岭,海拔高度多在500米以上,最高峰海拔1508米;中部为丘陵台地,峰峦起伏,岗丘连绵,沟谷两侧陆续分布黄土台地,台面平展、台缘陡立。以构造剥蚀地貌为主,海拔多在200~400米,包括构造剥蚀丘陵、河流地貌、黄土台地、岩溶地貌,北部山地发育有障石岩地貌等;东部主要为低缓丘陵与河谷地带,地面标高多在100～150米，向东过渡为冀中平原，地势低平，一望无际，海拔高度一般不足100米。

临城境内的河流多源于西部山地，由西向东展布，地貌由西部山地的深切谷地，向东逐渐过渡为宽缓的谷底与谷坡地貌。主要有泜河、李阳河、小槐河等，均属于子牙河水系，其中泜河流域面积最大，为506.2平方千米。境内河流系典型的季节性河流，暴雨过后洪水滔滔，暴疟不驯。新中国成立后修建了临城、乱木等水库后，除害兴利，基本扼制了水患。

临城物产富饶。宜林山场面积76万亩，当地进行了众多因地适宜的特色农业开发，盛产薄皮核桃、苹果、板栗、柿子等各种干鲜果品，年产量1000

万千克。矿产资源方面，煤、铁、石灰岩和板岩等27种矿藏储量丰富，尤其是石灰岩储量达10亿吨。水资源方面，拥有大、中、小型水库20多座，常年蓄水量超过9000万立方米，地下水资源总量1.14亿立方米，泜河、午河、槐河穿境

而过，流域面积732.34平方千米。

公园属于暖温带半湿润大陆性季风气候，四季分明。年平均气温12℃～13℃。月平均气温1月份最低，为零下4℃～零下3℃，7月最高，为25℃～26℃。春秋两季短促且气温回升和下降较快。公园西部气温偏低，夏季温差较中东部更为显著。年降水量变化在520～685毫米；西部山区降水偏多。降水集中于夏季，为年降水量的68%左右；冬季最小，仅占3%左右。年无霜期173～200天。

巍峨葱郁的太行山，清凌的泜河水，山水相连，让临城拥有了得天独厚的自然资源和生态环境。森林覆盖率32%，西部山区约250平方千米范围内植被茂密，生态保存完好，其中蝎子沟原始次生林，森林覆盖率达89%以上，夏季平均气温23℃，是天然氧吧、避暑胜地。岐山湖、乱木水库如两颗璀璨明珠镶嵌在中部丘陵区，"两湖"生态园区总面积48平方千米，其中水域面积10平方千米，周围有10万亩经济林、生态林，是集观光、度假、休闲、娱乐、会展于一体的生态旅游区。环县城绿化带长10余千米，城区绿化率36.8%，人均公共绿地15.5平方米，绿在城中，城在绿中。

临城是太行山东麓生态环境最好的地区之一，其中小天池景区生态景观最具有代表性。小天池景区，既是地质公园景区，也是国家森林公园，海拔高度平均在900米以上，景区中心的小天地海拔1030米。区内原始次生林26.60平方千米，成片油松面积5平方千米，是太行山油松成片分布面积最大的区域之一，森林覆盖率达80%以上，植被茂密、空气清新、风景优美、资源丰富。年平均气温10℃左右，盛夏平均气温仅23℃，负氧离子含量平均在3000/立方厘米以上。既有江南绿林之秀色，也有塞外夏季气候凉爽之意境，更有奇峰怪石、天池碧影、织女飞瀑、松涛摩垭、云雾夏宫、林木灌草、卸臂险境等美景。小天池景区由于地形封闭，生态环境处于原始状态，自然景观千姿百态、特色鲜明，有奇峰怪石、陡崖峭壁百余处，溪泉瀑潭十余条。这里松海林涛，绿草如毯，繁华似锦，花、木、灌、草等观赏植物比比皆是，早春的百果园，梨、杏花开香满坡；初夏绣线菊花拱杜鹃；金秋红叶、野菊花，红、黄、绿叶交互映衬，被誉为太行山最绿的地方。

据统计，目前地质公园园区内有树木83种，其中乔木品种43个，有松、橡、栎、杨、椿、梧桐、榆、柳、槐、柏、桦、椴、杉等；灌木19

◀ 五彩斑斓
▼ 初春雪霁

生乔灌密林为主。树种有蔡家木、六道木、椴木、栎木、油松、文荆、胡枝子、铁杆蒿等；低山丘陵、黄土台地为旱生的疏林灌丛间草被。其树种有柏树、椿树、梧桐树、榆树、枣树、柿子树、核桃、苹果、酸枣、洋槐等；东部平原区：地势平坦，耕种历史悠久，自然植被被栽植树木和农作物所代替，树种有梧桐、柳树和一些果树。农作物有小麦、棉花、玉米、薯类、豆类等。荒坡荒沟生长自然草被。

茂密连绵的绿色，为各种野生动物和鸟类提供了天然的屏障和栖息之地，目前，已发现有野猪、野鹿、野狼、野獾等20多种动物和白鹭、苍鹭、隼、鹰等140多种鸟类，还有节肢、环节、软体动物、甲壳类等，生物种类较多，生物资源比较丰富，生态环境优美。

种，如紫穗槐、胡枝子、荆条、酸枣等；经济林树种21个，如大枣、杏、板栗、核桃、苹果、梨、红果、柿子、桃等；野草药材有黄芩、柴胡、黄芪、生地、半夏、防风、益母草、知母、元胡、枸杞等。临城县境内的次生植被已替代了原生植被，其类型多为半旱生或旱生的乔木、灌木丛、草被，农作物也以旱田作物为主。西部山区包括郝庄、石家栏、石城以西的中山和低山区植被为天然次

◀ 大型水边留鸟——苍鹭
▼ 临城绿岭——万亩核桃林

临城地史

地质背景
地质演化史
地质遗迹景观

地质背景

临城国家地质公园浓缩了30亿年来,特别是晚太古代五台期、中古代吕梁期以来惊心动魄、震撼寰宇的地质历史,它不仅是太行山区的一部史书,也是华北地区地质历史的缩影,是研究地球科学、发掘古文化渊源的重要基地。

▲ 临城国家地质公园地质图
▼ 长城系石英砂岩
▶ 王家崇混合片麻岩
▶ 李家庄片麻状花岗岩
▶ 菅等片麻状含斑花岗岩

地层

临城地处阜平—赞皇古陆核的南端,广泛分布中太古界、古元界变质岩系。中元古代以后的盖层仅见于崆山白云洞园区及其以东地带,缺失奥陶系上统—石炭系下统地层。石炭系、二叠系地层多被第四系覆盖,零星出露于东部园区之外。第四纪堆积物在园区西部沿泜河两岸及支流沟谷、洼地分布,在园区以外东部地带形呈大面积分布。

太古宙地层

中太古界赞皇岩群系指出露于赞皇古陆核内的一套中级变质表壳岩系。该岩群之原岩下部主要由中酸性凝灰岩、凝灰质粉砂岩及富铝的泥质粉砂岩、间夹基性火山岩所组成,中部则由沉积碎屑岩(砂岩、粉砂岩泥质岩)及碳酸盐岩所组成,上部则以中酸性凝灰岩、凝灰质粉砂岩、粉砂岩为主,并夹有多层基性火山岩。它总体亦属火山—沉积建造。可分大和庄岩组、立羊河岩组、宁家庄岩组三个岩组。

中太古界王家崇（混合）片麻岩广泛分布于赞皇古陆核之西北部及零星分布于临城县王家崇一带。岩石类型为中粒条带状黑云斜长片麻岩。片麻岩体内多见各类的表壳岩包体（超磁铁质岩、斜长角闪岩变粒岩），岩石呈灰色、暗灰色，具鳞片变粒结构，个别可见有变余半自形粒状结构，片麻状构造。

太古界片麻状花岗岩的菅等片麻状含斑花岗岩分布在临城县菅等——李家庄一带、赞皇古陆东部及中部。与前述岩石地层单位接触时，具明显的侵入接触关系。岩石类型为中粗粒含斑片麻状花岗岩，具中粗粒花岗变晶结构，变斑状结构及交代结构，弱片麻状、片麻状构造。矿物成分为斜长石、钾长石、石英、黑云母等。

太古界片麻状花岗岩的李家庄片麻状花岗岩岩石类型为中细粒片麻状花岗岩。其矿物成分等各方面均与菅等片麻

状含斑花岗岩相似，唯本岩石单位粒度较细，且不含斑晶可与前者相区别。

元古界地层

官都岩群下段底部为灰白色、黄灰色石英岩、长石石英岩，中部为洁白色大理岩与石英白云母片岩互层，顶部为大理岩、含磁铁条带白云母石英片岩。其中含磁铁条带白云母石英片岩较稳定，可作为一、二段分界标志层。在官都南山该段底部长石石英岩中见有少量底砾岩，其成分为石英岩及花岗片麻岩。与李家庄片麻状花岗岩接触面见有冲刷沟。证明该段与下伏片麻状花岗岩为平行不整合接触，厚度大于600米。

官都岩群上段的下部由深灰—绿黑色斜长角闪片岩及少量绿帘石岩组成，局部夹石英白云母片岩。上部黄绿色，杏仁状角闪绿帘石岩、绿帘石岩，夹绿黑色斜长角闪片岩，岩石具粒状、粒状变晶结构，弱片状－片状构造，变余杏仁构造，气孔构造。主要矿物成分为普通角闪石、奥长石、绿帘石和石英。绿帘石岩多呈构造透镜体存在于奥长角闪片岩中。呈层状分布者次之，变余气孔和杏仁状构造发育。厚度大于400米。

甘陶河群分布在临城县西部山区双石铺一带。从下而上分别为南寺掌组、南寺组。南寺掌组下部以浅红、肉红色长石和石英砂岩为主，夹砂质板岩。底部有不稳定的砂岩，上部以变玄武岩为主，夹多层砂岩、砂质板岩及凝灰质板岩。上部层位中普遍见有枕状构造呈带状分布以及黄铁矿化、黄铜矿化及硅化等矿化蚀变现象。本组厚617～2404

米。南寺组下部主要由长石砂岩、长石石英砂岩、板岩和砂质板岩组成，其底部与南寺掌组分界处有一薄层含砾长石石英砂岩。在与上部变玄武岩接触处部分地段，具有不稳定的硅质白云岩，白云岩层（含叠层石）。厚2180～2563米。甘陶河群与下伏许亭变质斑状花岗岩及上覆中元古界长城系均呈不整合接触。

中元古界地层本区见有长城系常州沟组，分布于天台山一带。常州沟组总厚度400～565米，分为三段。

第一段下部为含砾石英砂岩、石英砂岩，紫红、黄褐色中粗粒砂状结构，中一厚层状构造。成分以石英为主，少量斜长石，泥质，波痕发育，并见有槽模。上部为长石、石英砂岩，交错层理极为发育，紫红—褐黄色，中细粒砂状结构，中薄层构造，成分以石英为主，长石次之。其底部与晚太古界菅等花岗岩呈角度不整合接触，厚16米。

第二段石英岩状砂岩、石英岩，呈紫色褐色灰白色，中细粒砂状结构，中厚层构造。成分以石英为主，岩石较坚硬，抗风化能力强，厚度33米，多形成陡壁悬崖地貌。

第三段以含海绿石为特征，底部为角砾状含铁海绿石石英砂砾岩，砾径一般1～10厘米，个别可达40厘米，该砾岩为第三段标志层。下部为紫色，薄层夹中厚层海绿石含铁质石英砂岩。中部为石英砂岩、石英状砂岩，呈褐黄色、白色，质纯，上部

◀ 绿帘石岩枕状构造

◀ 官都岩群下段与李家庄片麻状花岗岩不整合接触

▲ 长城系石英砂岩交错层

◀ 石英砂岩交错层

为含鲕石英砂岩,鲕为铁锰质、泥质,顶部见有风化剥蚀面。

古生界地层

下寒武统馒头组分布于王家庄—瓮城一带,岩性主要为紫红色、砖红色砂质页岩、泥质白云岩、泥质灰岩、白云质灰岩等,底部发育有砂质燧石角砾岩、砂砾岩层,与下伏常州沟组砂岩呈假整合接触,下部为褐黄色白云质粗、细粒石英砂岩,中上部含白云质粉砂岩、砂质白云岩夹紫红色页岩,厚7.7米。毛庄组的下部为浅肉红色微晶白云岩,中部有一层含角砾含内碎屑白云质粉砂岩夹薄层白云岩,上部为褐黄色白云岩,局部见有燧石结核,厚34米。

中寒武统徐庄组的下部为紫色、紫红色含云母碎片砂质页岩,中夹数层薄层白云质灰岩,中上部为含泥质条带白云质灰岩,中夹薄层鲕状灰岩,生物化石丰富,厚30米。张夏组的底部灰色含泥质和泥质团块灰岩,生物碎屑亮晶砂屑灰岩,下部和中部为灰色鲕粒灰岩,含白云质鲕粒灰岩,上部叠层

▲ 长城系石英砂岩
▼ 下寒武统馒头组白云岩夹紫红色页岩
▶ 中寒武统徐庄组紫红色砂质页岩夹白云质灰岩
▶ 石灰岩中的鲕粒结构
▶ 上寒武统崮山组灰岩

石灰岩。厚232米，向南逐渐变薄。

上寒武统崮山组的下部为灰绿色页岩，含泥条带薄板状灰岩，夹鲕状灰岩和竹叶状灰岩，中、上部为纯灰岩、微晶灰岩，局部含泥质条带，厚56米。长山组为含白云质竹叶状内碎屑灰岩，以紫红色竹叶状氧化晕圈为特征，层位稳定，厚22～32米。凤山组的下部为灰白色内碎屑灰岩，内碎屑呈扁长条状，角砾状，大小不一，胶结物为泥晶状方解石，中、上部为灰白色泥质白云岩，厚25米。

下奥陶统冶里组为一套灰白色粉红色，风化面为灰黑色的中厚层－巨厚层中粗粒结晶白云岩。底部以粉红色的薄－中厚层中粒结晶白云岩与寒武系凤山组呈整合接触。中部为灰白、粉红色的厚—巨厚层中粗粒结晶白云岩，局部含燧石结核。上部为灰色、灰白色的中厚层白云岩，夹黄绿色薄层板状泥质白云岩，厚117～154米。亮甲山组为一套灰色、粉红色，风化面为灰白色的中厚层含燧石结核中粒结晶白云岩，并以其为标志层与冶里组分界。

中奥陶统马家沟组的底部为淡黄色泥质薄板状白云岩，厚1米左右，下部为角砾状灰岩，微晶结构，角砾状构造，中部为微晶纯灰岩，上部为花斑状含白云质灰岩，厚40米。磁县组的底部为角砾状灰岩，其上为青灰色泥晶灰岩，夹有花斑白云质灰岩和角砾状灰岩，厚151米。峰峰组的底为角砾状灰岩，下部为青灰色生物碎屑灰岩，中部为纯灰岩、团粒状泥晶灰岩，上部为泥晶灰岩，厚86米。

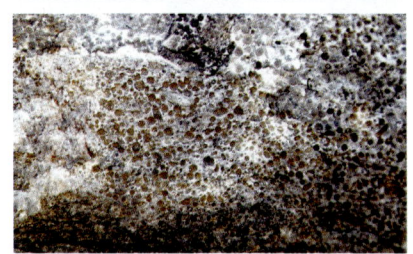

石炭系地层主要分布在公园以东的丘陵—山前平原区的地下。本溪组为灰色、灰红色黏土岩、黏土页岩，夹不稳定石灰岩，下部见豆状铝土矿，底部为紫红色铁质黏土岩，偶见山西式铁矿。该组与下伏奥陶系峰峰组呈平行不整合接触。太原组为灰白色、黄灰色页岩夹多层灰岩和砂岩。含煤9～10层，可供采煤的岩层有4层，局部可采1层。含石灰岩4～5层，且较为稳定，可作为标志层。底部以一层5～10米的坚硬白色中细粒石英砂岩与本溪组分界，顶部以黑色粉砂岩夹硅质灰岩与山西组分界，厚84～163米。

二叠系地层分布在地质公园以东的平原区，地表出露很少。山西组为灰白、灰黄色铝土页岩，砂质页岩夹铁质砂岩。底部厚为1.5米，含铁质结核的中粒砂岩，与太原组呈整合接触。其他为灰白色、土黄色页岩夹细砂岩、黏土岩，中部为灰黄色灰白色铝质页岩、砂质页岩夹黏土岩，顶部为紫色中厚层粗砂岩，夹铁质细砂岩和页岩。含煤0～5层，厚40～153米。下石盒子组由灰绿色砂岩，灰白色、紫灰色粉砂岩、页岩和铝土质页岩组成，厚150～222米。上石盒组为灰紫色灰黄等杂色砂质页岩、页岩、砂岩，含砾砂岩，底部为一层浅灰色黄白色及棕红色厚层中粒砂岩，厚240米。石千峰组的底部为厚层含砾粗砂岩，或砾岩，下部为暗紫红色浅灰色等色细砂岩、砂质页岩、页岩，局部夹泥质灰岩，粉砂岩中顺层分布有大量的瘤状钙质结核。中部为粉砂岩、页岩夹二层泥灰岩。上部为紫红页岩，薄层细砂岩及紫红紫灰色粉砂岩。含大量钙质结核，厚178～250米。

中生代和新生代地层

中生代白垩系地层主要岩性为砂岩、砂砾岩、含砾粗砂岩、细砂岩，砂质泥质胶结，钙质胶结，厚度大于150米。

新生代第四系下更新统为灰绿色泥砾、相变为灰绿色黏土夹砂、砾石层或含砾黏土、砂质黏土，厚4～75米。

第四系中更新统广泛分布于泜河两岸，常形成Ⅲ级阶地，覆盖在基岩及下统之上。下部第Ⅱ冰期红色泥砾，砾石含量50%～70%，混杂红色黏土及砂屑。呈杂乱堆积，砾石直径一般为8～15厘米，大者达1米以上，次圆或偏圆，上部红色黏土，常含砂砾不规则透镜体，厚3～30米。

第四系上更新统广泛分布于山前与平原接触带，多覆于中统红土之上。常形成Ⅱ级阶地，岩性以冲洪积含砾红黄土为主，少量层状透镜体砂砾石，含蜗牛及野牛化石，厚3～40米。

第四系全新统分布于泜河河床及山前平原，覆盖于较老地层之上为不整合接触，岩性为冲积、洪积砾石、砂、黄土状土、砂质黏土，常形成Ⅰ级阶地，厚度各处不一。

岩浆岩

区内的岩浆岩形成于多期次岩浆活动，五台期、吕梁期的岩浆岩主要为玄武岩、玄武安山岩、花岗斑岩、二长花岗岩、花岗闪长岩及石英二长岩等，经不同程度的变质作用，皆演变为不同组分的片岩、片麻岩或混合岩化片麻岩。

岩脉主要有辉绿岩脉、辉长辉绿岩脉、闪长岩脉、石英长斑岩脉、斜长角闪岩脉等，走向多以南北或北西向并列分布。

地质构造

地处太行山东麓的临城地区，在构造区分上属于太行山大背斜的东翼部分，大地构造单元属于山西地台。总构造线方向为北北东，山系的分布，在很大程度上显示了构造的轮廓。

园区地处赞皇古陆核中段，经历了多次构造变动，在区域地质演化历史时期，经历了迁西运动期、五台运动期、吕梁运动、加里东运动、燕山运动、喜山运动等一系列的构造演化过程，分别发生了岩浆入侵，构造上升，沉积间断等地质现象。其中的构造活动以五台期、吕梁期最为剧烈，形成广泛的岩浆侵入活动伴随变质和混合岩化作用，表壳岩表现为脆性、韧性剪切变形等。加里东运动主要表现为陆地上升；燕山运动以断裂活动为主；喜马拉雅运动呈现以上升为主的小幅颤动，河谷两岸形成了高度不等的阶地与台地。

褶皱构造主要有王家崇褶皱带、官都倒转向斜及石官倒转向斜。王家崇褶皱带位于王家崇西南地带。东西宽6千米，近南北向延伸约8千米。由一组近平行排列的北西向倾伏的背、向斜构造组成。官都倒转向斜位于官都西南，呈北东—南西向展布，延伸数十千米，北部延伸县界以外，出露宽度约4

▲ 绿帘石岩枕状构造
◀ 泜河阶地上第四系砾石红黄土

▲ 王家崇混合片麻岩中的平卧褶曲
▲ 岩溶地貌
▼ 地质剖面图
▶ 天台山石英砂岩

千米，由官都岩群表壳岩构成。石官倒转向斜位于西台峪以西1千米，轴向近南北向，宽度2千米，长10千米，向南延伸出临城县界。由官都岩群表壳岩组成。

园区断裂构造主要为燕山期脆性断裂，对地层的连续性产生一定的破坏作用。断裂构造性质以高角度正断层为主，逆断层次之。

地貌

临城县地形西高东低，依其地貌组合特征，可以划分为两大地貌区，即西部山区和东部丘陵区。

西部山区以侵蚀构造地貌为主，多中、低山，是在构造抬升的基础上，经流水侵蚀塑造为单面山、猪背岭、深切沟谷等构造地貌，山势陡峻，群山峻岭，海拔高度多在500米以上，最高峰海拔1508米。中东部以丘陵为主，波状起伏，丘岗绵连，以构造剥蚀地貌为主，海拔多在200～400米，包括构造剥蚀丘陵、河流地貌、黄土台地、岩溶地貌、北部山地发育有障石岩地貌等。东部主要为低缓丘陵与河谷地带，地面标高多在100～150米，向东过渡为冀中平原，地势低平，一望无际，海拔高度一般不足100米。

河流地貌由西向东展布，由西部山地的深切谷地，向东逐渐过渡为宽缓的谷底与谷坡地貌。这些河流地貌主要分布于子牙支流泜河、李阳河、小槐河等支流沟谷。

区内现代地貌格局主要形成于中生代基础之上，经新生代进一步演化，形成目前地貌景观。重要地貌景观有崆山白云洞岩溶地貌景观、天台山嶂石岩地貌景观、小天池景区构造地貌景观等。

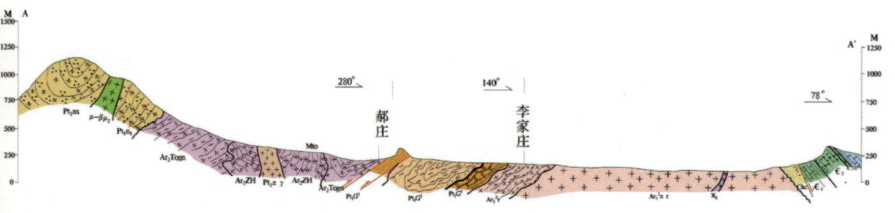

地质演化史

园区在区域地质演化历史时期，经历了迁西运动期、五台运动期、吕梁运动、加里东运动、燕山运动、喜山运动等一系列的构造演化过程，分别发生了岩浆入侵、构造上升、沉积间断等地质现象。其中的构造活动以五台期、吕梁期最为剧烈，形成广泛的岩浆侵入活动伴随变质和混合岩化作用，表壳岩表现为脆—韧性剪切变形等。

赞皇古陆地处太行山中南段，是华北太行古陆较为古老的基底陆核之一。陆海沧桑源于地壳运动，其发育过程，表现为相对稳定部分和活动部分的相互分异及陆壳的增生。本区可依次划分为三个阶段。

基底形成阶段（32亿年～18亿年）

太古代中期（32亿年～28亿年）为陆壳形成的初期，主要以砂、泥质和硅铁质沉积为主，其后伴有大量超基性—基性火山喷发和大规模岩浆侵入，在强烈的构造变动中（阜平运动），使原岩产生褶皱变形，大规模区域性变质和混合岩化。

太古代晚期（28亿年～25亿年）时区内地体受近东西向张应力作用，在西部地区形成一个近南北向展布的狭长凹陷带，堆积了巨厚的陆源碎屑—碳酸盐

临城地质公园及周边区域主要地质事件及相关遗迹

时代	地质事件		遗迹特征
新生代	喜山运动	运动时间（代）	距今40百万年左右
		构造特征	以升降运动为主
		喷发岩	次玄武岩、安山玢岩
中生代	燕山运动	运动时间（代）	距今137～67百万年
		构造特征	以断裂活动为主
古生代	加里东运动	运动时间（代）	距今500百万年左右
		构造特征	陆地上升，沉积间断
早元古代	吕梁运动	运动时间（代）	距今2000～1700百万年
		构造特征	构造推覆、褶皱、北东向脆—韧性剪切变形
		变质作用	绿片—角闪岩相
		岩浆侵入活动	许亭变质斑状花岗岩。K-Ar同位素年龄1759.9百万年（辉绿岩）
晚太古代	五台运动期	运动时间（代）	距今2500～100百万年
		构造特征	韧性强变形、基底裂开形成坳槽
		变质作用	角闪岩相
		岩浆侵入活动	李家庄片麻状花岗岩（原岩为二长花岗岩）。同位素年龄2383.8百万年（U-Pb）；菅等变质（花斑）花岗岩（原岩为二长花岗岩），同位素年龄2399.3百万年（U-Pb）
中太古代	迁西运动期	岩浆侵入活动	王家崇片麻岩；原岩为花岗闪长岩或石英二长闪长岩

◀ 太古代地球表面想象图
▼ 太古代岩浆溢流景象
▼ 太古代基性火山喷发

岩和基性火山岩沉积建造。后经历五台运动，凹陷带褶皱封闭。以小型波状褶皱为主，构造线近南北向，并发生了酸性岩浆侵入和绿帘—角闪绿片岩相区域变质作用。

古元古代（25亿年～18亿年）五台运动后，由于强烈的断裂活动，在赞皇古陆核的边缘，形成近南北向裂谷或断陷盆地，发育了碎屑岩—基性火山岩—镁质碳酸岩沉积系列和大量的拉斑玄武岩喷溢和侵入。随着吕梁运动的发生发展，从而奠定了太行古陆的基底。

盖层稳定发展阶段（18亿年～2.5亿年）

结晶基底固结形成之后，进入了相对稳定的盖层发展阶段。

中元古代早期由于受太行山深断裂带影响，由隆起转变为下降，形成了近南北（北北东）向的太行海湾。在古陆边缘，发育了巨厚红色陆源碎屑沉积。不整合基底岩系之上，揭开了盖层发展阶段的序幕。

长城纪晚期（14亿年）受兴城上升运动影响，赞皇古陆由南向北逐步抬升，海水向北退缩，直到古生代开始再次下降接着沉积。

- 长城纪常州沟期—团山子期古地理图
- 寒武纪时的海洋及其霸主——三叶虫
- 奥陶纪时的海洋及其霸主——鹦鹉螺
- 石炭纪首次出现大规模森林

古陆核区　　海漫范围

　　从古生代寒武纪起赞皇古陆开始遭受海侵接受沉积，形成陆源碎屑—海相碳酸盐岩沉积系列，寒武纪出现生物大爆炸，海洋生物三叶虫成为当时霸主。直至奥陶纪均为滨浅海—浅海碳酸盐岩沉积，海相无脊椎动物极为繁盛，反映了这个时期地壳以整体升降运动为特征的稳定发展时期。

　　受区域构造运动影响，从晚奥陶世到早石炭世，中朝准地台处于整体抬升阶段，缺失了这一时期的沉积，其后

地球上首次出现大规模森林植被繁茂时期,形成了晚石炭世海陆交互相含煤沉积和二叠纪河流、湖沼含煤—河湖相沉积。陆相植物和脊椎动物出现。

地壳强烈活动阶段(2.5亿年至现代)

二叠纪结束了华北地台海侵的历史,开始进入纯陆相地层发育阶段。印支期古陆地进一步分异变化,剥蚀作用日益强烈,气候进一步干旱炎热,在局部内陆盆地中零星堆积了以河湖相为主的红色碎屑沉积。印支晚期,太行山深断裂带,受西太平洋毕乌夫带影响,导致太行山区崛起。

燕山期,该区进入地壳强烈活动阶段,受太平洋板块俯冲而产生北西方向挤压,太行山处于持续上升隆起状态,

构造变形以断块活动为主,褶皱作用相对较弱,赞皇燕山Ⅲ期许亭—台虎庄背斜开始形成。太行山深断裂带继承性活动,并派生出同期北北西和北北东向两组剪切断裂,构成"棋盘格式"构造。局部地区成裂陷盆地,陆相堆积。岩浆侵入活动以花岗岩和花岗闪长岩为主,并是该区多金属内生矿产形成的

▲ 三叠纪时期内陆河湖相环境
▲ 中生代自然环境
▲ 晚二叠世岩相古地理略图

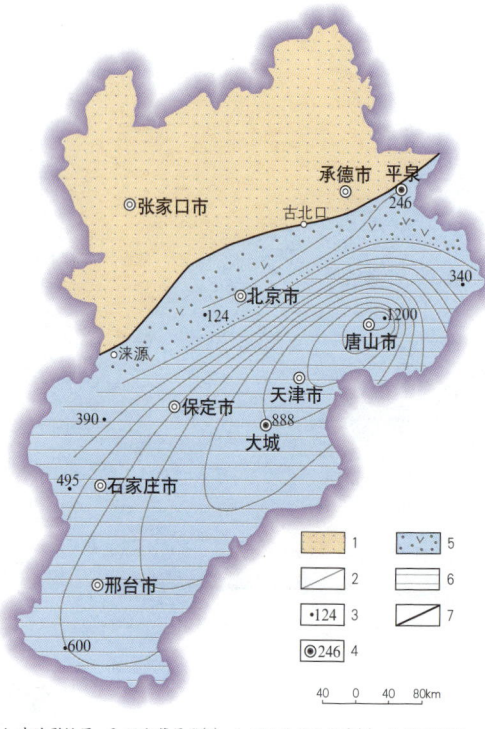

1.古陆剥蚀区；2.沉积等厚线(m)；3.剖面位置及厚度(m)；4.钻孔位置及厚度(m)；5.内陆红色碎屑岩沉积局部夹火山物质；6.内陆红色碎屑岩沉积；7.古陆与沉积区分界线

大好时期。

新生代新构造运动垂直升降表现十分强烈，太行山隆起并遭受剥蚀和夷平作用，华北平原形成。断裂活动并伴随基性岩浆喷发和冰川作用，形成现代地形地貌自然景观。

知识链接

华北陆块的形成

华北陆块是由陆核→地块(体)→联合地块逐渐生长、增大、拼合形成的。据现有的岩石记录，始太古代—中太古代主要是陆核生成阶段，不排除在早期有绿岩带形成；新太古代主要是花岗岩—绿岩带的生成阶段，花岗岩—绿岩带环绕地核周边形成地块，是华北陆块结晶基底的主要生长时期；古元古代是联合地块的形成阶段，多个地块(体)拼合形成联合地块；中元古代是稳定环境下的拉伸阶段，沿陆块南北两缘形成三大裂谷系；新元古代—古生代陆块形成稳定环境的沉积盖层；中—新生代陆块大部分地区为活动大陆边缘，出现大规模的构造—岩浆活动。

河北太行山中南段地层简表

宇(宙)	界(代)	系(纪)	统(世)	群	组(阶)及岩性	构造运动
显生宇	新生界	第四系(Q)	全新统		冲洪积砾石、砂黄土状土及沙质黏土	喜山运动Ⅲ
			更新统		马兰组：冲洪积含砾黄土夹砂砾层	
					小山组：玄武岩(百草坪雪花山组)	
					赤城组：冰期红色泥砾、黏土砂砾层	
					泥河湾组：冰碛泥砾、黏土夹砂、含砾黏土层	
		新近系(N)	上新统		石匣组(九龙口组)	喜山运动Ⅱ 燕山运动Ⅴ
		古近系(E)			灵山组	燕山运动Ⅲ
	中生界	白垩系(K)			南天门组(刘家洞组、临城组)	印支运动
		侏罗系(J)				
		三叠系(T)	中统		二马营组(流泉组)	
			下统		和尚沟组	
					刘家沟组	
		二叠系(P)	上统		孙家沟组	
					上石盒子组	
			下统		下石盒子组	
					山西组	
		石炭系(C)	上统		太原组	
			下统		本溪组	
		泥盆系(D)				
	古生界	志留系(S)				晚加里东运动(太康)
		奥陶系(O)	上统		峰峰组	
			中统		磁县组	怀远运动
					马家沟组	
			下统		亮甲山组	
					冶里组	
		寒武系(∈)	上统		凤山组	
					长山组	
					崮山组	
			中统		张夏组	
					徐庄组	
			下统		毛庄组	蓟县运动
					馒头组	
元古宇	新元古界	震旦系(Z)				
		青白口系(Qb)				兴城上升 吕梁运动
	中元古界	蓟县系(Jx)				
		长城系(Cc)			常州沟组—大红峪组	
	古元古界			甘陶河群	葛亭组	
					南寺组	
					南寺掌组	
					红鹤组	
太古宇	新太古界			五台群	官都岩组	五台运动
					上堡组	
					板峪口组	李家庄片麻状花岗岩
						营等片麻状含斑花岗岩
					南营组	北赛群(石城组) 王家崇(混合)片麻岩	阜平运动
	中太古界			皇平群陈庄亚群		赞皇岩群 宁家庄岩组
					团泊口组	立羊河岩组
						放甲铺组 大和庄岩组	

注：资料来源于《河北、北京、天津数字化地质图》及临城幅1:5万区调成果等。

地质遗迹景观

地质遗迹是指在地球演化的漫长地质历史时期,由于内外动力的地质作用,形成、发展并遗留下来的珍贵的、不可再生的地质自然遗产。包括旅游中的山水名胜、自然风光等自然遗迹,也包括在晚近地质历史时期人类形成过程中,人类与地质体相互作用和人类开发利用地质环境、地质资源的遗迹以及地质灾害遗迹等。

园区及周边地层遗迹资源有郝庄乡官都岩群剖面;郝庄乡李家庄片麻状花岗岩剖面;西竖镇菅等片麻状含斑花岗岩剖面;临城镇王家崇(混合)片麻岩剖面;曾经用过的命名剖面,赵庄乡石家栏、上红鹤及石城乡石城组地层剖面,这些剖面分散于几个剖面保护点中。此外,区内连续性地质剖面有官都岩群实测地质剖面(郝庄乡官都—赞皇县齐家庄)。

园区及周边中太古代—古元古代的表壳岩组合,反映了华北太行山一带古老基底的形成机制,在华北地区具有一定代表性,对追溯研究华北古陆生成早期的地质建造、岩浆活动、地壳运动等具有重要意义,对于华北太古界、古元古界岩石地层的进一步划分,有着重要的科学价值。

天台山长城系常州沟组石英砂岩交错层理、波痕、龟裂等沉积构造十分集中地分布于景区的游路沿线，无论其系统性、多样性、典型性、美观性都是罕见的，是沉积学中恢复古地理环境科学研究、普及地学知识、安排大中专院校教学实习的理想基地，被誉为沉积岩中的天然博物馆。

地貌类遗迹景观

园区地貌类遗迹资源丰富，其中以岩溶地貌和碎屑岩地貌最突出，其次为构造地貌和流水地貌。

崆山白云洞岩溶地貌景观

崆山白云洞既有溶蚀洞穴景观，又有丰富多样的洞穴沉积景观，微地貌景观资源十分丰富，现已命名的拟人似物景观即达150处。其体量从大到小均有分布，大体量的次生化学沉积造型有石柱、石幔、石瀑布、石平台、石旗等；洞内次生溶蚀景观如岩臼、天锅、贝窝等。最大的石笋周长4.3米，高7.5米，最大的石幔宽达8米；中等体量的景物最为常见，如石钟乳、石笋、石盾、石旗等到处可见；而无法计量的小体量卷曲石鹅管、石花等景物最诱人，千姿百态，琳琅满目。由于组成成分不同，不仅具有白色、浅黄色、棕色、土黄色、灰绿色等不同色彩，而且呈现乳状、玻璃、陶瓷、面粉状等各种光泽。它们有的悬挂在洞穴顶板上，有的直立于地，有的依托石壁，有的隐于水池，变化多

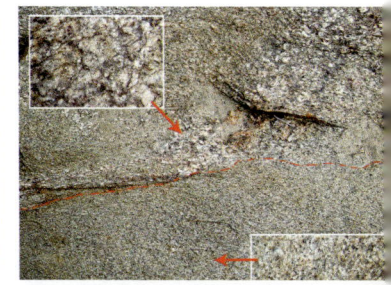

◀ 天台山长城系常州沟组石英砂岩构成的山体

▲ 菅等片麻状含斑花岗岩与李家庄片麻状花岗岩接触面

◀ 白云洞石盾

▲ 大型石钟乳

端，类型多样，造型珍奇。

　　白云洞岩溶作用与岩溶地貌在中国北方具有典型性，溶洞的形成、洞穴堆积中的一些化学沉积的形成机理有待进一步研究，其中一些悬而未决的问题有待解决。随着研究工作的进行，其科学价值会不断上升。

　　天台山嶂石岩地貌景观

　　天台山嶂石岩地貌，发育在长城系常州沟组地层，在地质构造的控制下，在流水侵蚀、重力崩塌和风力作用雕琢下，形成绵延数公里的岩墙峭壁，除东部天眼山顶层为石灰岩外，均由红色石英砂岩和石英岩化石英砂岩构成。远远望去，赤壁丹崖，如屏如画，极为壮观。其中以天台卧佛、五谷仓、龙首峡、丹霞叠瀑等景点最具代表性。

　　天台山的嶂石岩地貌和石英砂岩的层面构造，具有自然性、多样性的特点，真实、完美地记录了其古地理与古环境的变迁，在太行山区同类岩石分布区具有代表性，是地貌学、沉积岩石学及自然美学研究的博物馆。

　　小天池侵蚀构造地貌

　　小天池景区南寺掌组浅变质砂岩、砂质板岩在构造作用下倾角陡立；在流水侵蚀作用下，由于抗蚀性的差异，形成凸起的剑峰状猪脊岭和千姿百态的象形石，被形象地称为剑林石、观景台、千层饼、将台岭、皇冠石等。

重要地质事件遗迹

园区内外岩石地层中有5处重要地质历史事件形成的遗迹,包括:寒武系与长城系之间的假整合接触带(王家庄一带);长城系与菅等片麻状(含斑)花岗岩的不整合接触带(天台山景区);甘陶河群与王家崇(混合)片麻岩之间的不整合接触带(小天池景区);官都岩群与李家庄片麻状花岗岩的不整和接触带(官都南山);菅等片麻状含斑花岗岩与王家崇(混合)片麻岩的侵入接触带(石城镇西北)。

此外,许亭变质斑状花岗岩、李家庄片麻状花岗岩、菅等变质花岗岩及王家崇(混合)片麻岩是华北地区五台期、吕梁期岩浆岩侵入活动的重要遗迹之一,前人曾对其进行过较多的分析研究,具有重要科研价值。

其他类遗迹景观资源

沉积构造类遗迹主要保存于长城系常州沟组长石石英砂岩、石英砂岩及含砾石英砂岩中,包括层理和层面构造遗迹现象,如层理(平行、交错等)、波痕(对称、不对称)及泥裂等。多见于天台山一带的长城系常州沟组岩层中。

古生物化石景观主要包括寒武系、奥陶系石灰岩中的叠层石化石群、三叶虫化石群、笔石、古脊椎动物化石等。其中叠层石化石群集中产于崆山白云洞山梁张夏组的叠层石灰岩中,古脊椎动物化石发掘于石城镇郭家庄及西竖镇山南头村东。

构造变形遗迹包括分布于园外地质遗迹保护

◀ 天眼山一线天
◀ 自然侵蚀下,小天池的千沟万壑
▲ 叠层石(藻)横断面
▲ 官都岩群与李家庄片麻状花岗岩接触面
▼ 波痕及泥裂

▲ 霞映岐山湖

点，如郝庄乡石家栏公路北和上红鹤村西公路南的太古代表壳岩韧性强变形遗迹点；郝庄—官都—郝家庄公路以北断续出露的官都岩群褶皱、脆韧性推覆剪切变形遗迹。

早期岩浆侵入形成的地质遗迹，经过多期次的构造变动，大部分已变质成为混合岩化片麻岩或片麻岩，侵入遗迹较明显的有郝庄乡岭西以北的许亭变质斑状花岗岩；小天池等地的大量脉岩侵入。

水域景观

岐山湖、泜河、小天池泉水溪流、天台山瀑布，都是园区及邻近周边的水域景观。岐山湖原规划为园区的水圈旅游风景区，属河湖风景类旅游资源，历来是人类活动的良好居所，早在新石器时代我们的祖先就在此繁衍生息。1958年筑坝蓄水成湖后，水域面积达5平方千米，湖面开阔，湖水一碧如洗，湖边浅处呈淡绿色，湖中深处一片蔚蓝，与远山互映，构成绿水青山的画面。金秋时节，常有野鸭栖落飞翔，别有一番大自然的野趣。湖边秀逸的低丘园林地带，绿草茵茵；岸边沙滩，细软洁白，纵目西眺，群山如黛，具有开发休闲度假旅游得天独厚的自然条件。

人文历史

燕赵名邑
类雪如银话邢瓷
临城赵子龙文化

燕赵名邑

临城是一座千年古县,历史文化底蕴深厚。西汉初年置县,唐天宝元年改称临城县,已有5000年的文明史和2400多年的建县史。境内先后发现了仰韶文化、龙山文化和先商文化遗址。

▲ 今日临城
▶ 我国唯一保存的北宋方形密檐式仿木砖塔

临城县历史悠久,新石器晚期就有人类在此聚居,迄今已有5000年的历史。商周时期曾为名城古郡。春秋时,县境属晋地,筑有临邑城。战国初,北部属中山国房子辖域,南部为赵国属地。西汉建房子县(县治在高邑县境内仓房村),属恒山郡;东汉建武十七年,县随郡并入中山国,二十年,析置常山郡,仍辖房子县。三国魏太和六年封赵国,房子为赵国都。唐朝天宝元年,房子县更名为临城县,并将县治迁至今址。至今已有1200年。至德二年,朱全忠晋封魏王,临城县因避朱全忠父亲名讳,复名房子县。五代后唐时,房子县又更名临城县,仍属赵州。宋代熙六年,隆平县降为隆平镇并入临城县。宣和元年，赵州升为庆源府，仍辖临城县。金、元、明、清临城均属赵州。民国2年，临城县属直隶省冀南道，1928年，临城归属河北省，至今未变。

在辖区建制上，西汉初建房子县，辖今临城，赞皇两县的全部境域，高邑县的大部和内丘县的西北部地域。北齐天保七年（556年）房子县并入高邑县，高邑县辖今赞皇、临城、高邑及柏乡部分地域。隋开皇六年(586年)析高邑县，在今临城西南十里复置房子县，辖今临城全境、内丘西北部和赞皇西南部地域。至隋开皇十六年（596年）赞皇建县后，割赞皇山一带还赞皇县。唐天宝元年（742年），房子县始改名临城县，县治所迁至今址，其辖域未变。宋熙宁六年(1073年)隆平县降为镇，其辖域并入临城县。元佑元年（1086年）隆平辖域划出复置隆平县。清代后期割县西南獐一带归内丘县。民国时期将县东南部的尹村划入隆尧县。新中国成立初期先后将县西北部嶂石岩以西地域划入赞皇县。1958年11月临城县并入内丘县，内丘县辖内丘、隆尧、柏乡、临城四县地域。1961年7月隆尧县、柏乡县辖区从内丘县析出复置隆尧县。1962年3月临城县辖区从内丘县分离出复置临城县。

从汉初建房子县到唐改名临城县至今，县治所共迁徙两次，历房子邑、临邑和临城三座县城。

房子邑，遗址在今高邑县境内仓房村，临城县梁村乡驻地梁村北偏东3.5千米处。房子邑初建于春秋时期，属晋地，战国时先后属中山国和赵国，也曾属魏国。《史记·赵世家》敬侯十年（公元前377年）"与中山战于房子"。又武灵王十九年（公元前307年），"北略中山之地至于房子"。惠文王二十四年（公元前275年），廉颇将攻魏，拔取房子，因城而还。西汉设房子县，属常山郡。《后汉书·光武纪》刘秀"南击新市（今正定东北新城铺）、真定、元氏、防子（即房子），皆下之……"。三国魏初，房子县为常山郡治所，太和六年(232年)封赵国，治、辖房子县。北齐天保七年（556年），撤销房子，其辖区并入高邑县，房子邑城遂废。隋开皇六年（586年）复置房子县，徙治于今临城镇西南5千米处，即古临邑城。

临邑,是临城县最早古城之一,位于临城县东南部今岗西乡南台南隅,遗址犹存。春秋属晋地。《左传·哀公四年》"赵稷奔临"即此。汉属房子县地。北齐天保七年,房子县并入高邑县,临邑遂归高邑县辖。隋开皇六年(586年)析高邑县,复置房子县,县治所置于临邑,历156年,至唐天宝元年(742年)县治所迁址后,临邑城废。

临城,位于临城县东部,坐落在泜河北岸。临城作为县城,始建于唐天宝元年(742年)八月。当时,唐玄宗李隆基为炫耀其"开平盛世",于七月诏谕全国,调整地方政区,把房子县改名临城县,并将县治所从古临邑城迁于今址。在泜水河北岸1千米处筑土城,设四门,城围三里许。历唐、宋、金、元多次增建修筑,到明朝已规模宏大。城内高置察院,府馆、儒学、文庙、社学、书院、射圃、养济院、预备仓、监狱等,城外有僧会司、急递铺等。城内外还有寺庙、亭、坛、祠、坊等古建筑30余处。

明弘治十四年(1501年)七月大雨,河道北移,山洪直逼县城,城廓通衢,水深丈余,西城被毁,知县潘铨将西城东移,筑墙加固,遂不留西门,使城围缩短为二里二百六十步(约1433米)。嘉靖十五年(1536年),知县党承美在西城外筑堤植柳,以御水患。嘉靖三十二年(1553年),秋雨大作。河堤被冲,西城墙倒塌,知县王永兴重修。隆庆三年(1569年),秋雨连旬,山洪冲开城西南一角,几十家民房被毁,知县高常改筑西南城墙时,将南门后退东移八十余步,从此临城

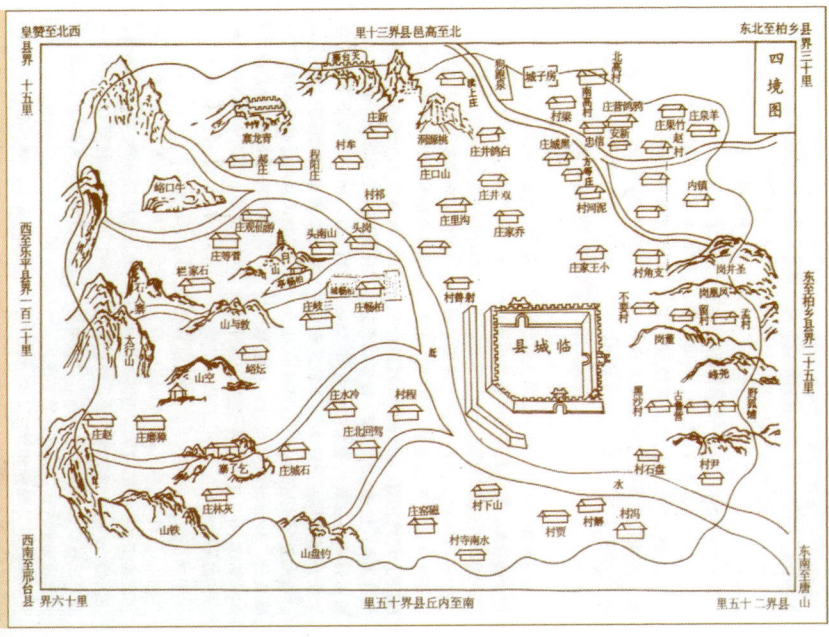

南北城门遂不相对。隆庆六年（1572年），知县邓之松申请动用官银一百八十两，在西南城外，建筑石堤五十二丈五尺。后经多任知县增修扩建，筑成了一道长约800米的气势雄伟的护城青石堤坝。万历二十八年（1600年），知县盛治易南城墙为石城。崇祯二年（1629年），知县邓绍禹将西城加宽一倍。崇祯十七年（1644年），知县王继祖将雉台增修加固。清康熙二十九年（1690年），知县杨宽重修城门3座，雉台11座，角馆4座。民国初期，在县城内增设了医院、图书馆、高级小学、简易师范学校等文化教育设施。1937年芦沟桥事变后，10月日本侵略军进驻临城县城，组建伪政权，蹂躏临城县人民达8年之久。1945年8月，日本侵略军宣布无条件投降后，盘踞在临城县城内的伪军拒不交械。9月初，临城抗日军民在太行第一军分区司令员秦基伟的率领下，于8日夜解放了临城。从此临城回到了人民手中。

◀ 清康熙三十年临城县域图

▲ 始建于唐代的天台山慈云庵

类雪如银话邢瓷

邢窑,是唐代著名的瓷窑,五代(公元907~960年)时仍烧造。窑址位于邢台市所辖的内丘县和临城县祁村一带,是中国白瓷生产的发源地,在中国的陶瓷史中占有重要地位。邢窑是唐五代最著名的白窑瓷场,有邢窑白瓷"天下无贵贱而通之"的美誉。

唐代的陶瓷业,技术上取得很多突破,陶瓷的产量和质量有了很大提高。以南方烧制青瓷的越窑(在今浙江余姚)和北方烧制白瓷的邢窑最受人们推崇,越窑的青瓷和邢窑的白瓷代表了当时瓷制品的最高水平,大体形成了"南青北白"的局面。陆羽《茶经》中曾评价为"邢瓷类银,越瓷类玉"、"邢瓷类雪,越瓷类冰"。皮日休《茶瓯诗》写道:"邢窑与越人,皆能造瓷器。圆似月魂坠,轻如云魄起。"段安节《乐府杂录》记载,唐大中初年,有调音律官郭道源者,"善击瓯,率以越瓯、邢瓯共十二只,旋加减水于其中,以箸击之,其音妙于方响"。李肇《国史补》中说:"内丘白瓷瓯,端溪紫石砚,天下无贵贱通用之"。从这些文献记载可知,唐代邢窑生产的白瓷,其质量是十分精美的。釉色洁白如雪,造型规范如月,器壁轻薄如云,扣之音脆而妙如方响。同时,也因其数量增多,又因其物美价廉,除为宫廷使用外,还畅销各地为天下通用。

邢窑是中国最早的白瓷窑址,白瓷的发明在中国制瓷史上具有划时代的意义,它不仅结束了自商朝以来青瓷独尊的局面,更重要的是为中国后世的花瓷生产尤其是彩瓷生产创造了条件,使得邢窑白瓷与青瓷并驾齐驱。唐代晚期,邢窑产品还通过海路远销到日本、印度、斯里兰卡、埃及等亚非国家。邢窑的白瓷产品精美、产量巨大,不论对中国

▲ 临城邢窑遗址
▶ 邢窑花口盘
▶ 邢窑白釉伏狮

还是对外国的物质生活都产生过深远的影响。因此,从20世纪起,中外学者开始了对邢窑的研究。明清时代,中国出现了一些博古著作和陶瓷著作。如明曹昭著有《格古要论》、谷应泰著有《博物要览》,在这些著作中都提到唐代邢窑白瓷。中国学者对邢窑的真正研究,是从20世纪20年代之后开始的,作为中国第一代古陶瓷专家的吴仁敬、陈万里、傅振伦等都对邢窑关注有加,但所知的仍是一些"内丘白瓷瓯"、"邢瓯"一类的词汇,至于它的真正产地、范围、产品以及发展进程等很少被人提及。

从20世纪50年代初开始,中国的几代工作者便为解开邢窑之谜做着不懈的努力。陶瓷考古界的权威陈万里曾几次到内丘实地考察,未能发现邢窑,史学界专家杨文山等人50~70年代屡次到内丘、沙河、邢台等地考察,同样失望而归。1980年初,临城县陶瓷厂成立了"恢复邢瓷技术小组",一年时间,小组在临城境内共查出包括祁村、岗头、山下等在内的古瓷窑址17处,神秘的邢窑揭开了一角面纱。1981年春,考古工作者在临城县召开了由中央、省、地、县和新闻单位参加的"邢窑与邢瓷艺术鉴赏会",为邢窑之谜付出了几十年心血的老专家们在会上激动地表示,这标志着邢窑与邢瓷的研究进入了一个崭新的时期。1982年至1984年底,内丘县文化馆贾中敏等人在内丘县境内共查出邢窑遗址20余处,1987年,

以河北省文物研究所为主组成的邢窑考古队开始进入内丘、临城工作,共对内丘城关、临城祁村、山下等处进行了发掘。发掘面积约400平方米,出土52座灰坑,4座晚唐五代时期的窑炉,尤其引人注目的是隋代薄胎透影细白瓷的面世,为此后邢窑的精略分期断代及对邢窑不同时期遗迹遗物的认识、了解提供了可能。专家们不约而同地提出邢窑是隋唐北方白瓷的代表,对于中国陶瓷史的发展具有非凡的意义。

他们提出:邢窑的发展特别是白瓷对邻近诸窑诸如定窑、平定窑等有很大影响。

白瓷的发展起步较迟,而邢窑白瓷到唐朝中期已非常流行。唐墓出土的白瓷碗,胎土白洁,细如澄泥,釉色明净,据此可以证明邢窑白瓷同样是瓷器中之上品。唐代白瓷除邢窑外其他产地之白瓷质地制工也较优良,江西州窑也是当时白瓷的中心。陶瓷学者对邢窑出土实物标本经过分析后认为,邢瓷不论是胎质和釉质,二氧化硅和三氧化二铝所占的比重都是相当高的,无疑需要高强度的焙烧温度。据计算,邢瓷的胎质和釉质,是经过1380℃以上的高温烧成的。邢瓷的物理性能与现代世界制瓷业最先进的所谓"硬质瓷"的烧成物理要求十分接近。

河北的陶瓷学者认为,邢瓷的物测结果为"硬质瓷"烧成于中国提供了有力证据,把薄胎细瓷的起源提前了近10个世纪。

邢窑的器类多,以碗、碟、盒、瓶等日用器为主,器表多光素无饰,以简洁优美的造型和晶莹润亮的釉色取胜,与其他窑口的瓷器一样,器型多源于同一时期的金银器，少数邢窑白瓷模仿了金银器的纹饰装饰方法。许多类雪似银的胎釉上积釉处微闪青绿，有玉润之感，十分美观。唐代邢窑白瓷有精细和一般之分，精细者胎体轻薄，造型规整，釉色莹润，釉色有白中闪青，玻璃感较强和釉色乳白呈半透明状两类。胎质细白并印刻有精美的纹饰，但数量较少。而邢窑一般白瓷胎色黄白，有的通过施白色化妆土来增加瓷器的白度，造型亦较随意。邢窑白瓷用的是内丘优质瓷土，此种瓷泥可塑性强，无论是瓶、罐、壶、尊等琢器作品，或精巧的盘、碗、杯、碟等圆器作品都整齐规矩，不易变形，这是唐代邢窑取得巨大成就得天独厚的条件。邢窑"盈"字款白瓷，胎薄质坚，洁白细腻，釉质莹白滋润。以邢窑的精细产品用现代标准衡量，亦不失为优质白瓷，这时期出土的白瓷品种很丰富，有小唇沿撇口浅腹玉璧形底碗，圆沿弧腹玉环形底碗，瓣口深腹玉环形底杯，瓣口盘状玉环形底托，圆沿短颈鼓腹罐，短戏耍短流鼓腹双泥条系执壶，矮圆形子母口粉盒等。这里制瓷工艺精益求精，旋坯技法规范，装烧更趋科学，采用装匣正烧，消除了器内支痕，火候适度，产品瓷化而不过烧，保证了造型应有的神韵，强调了产品实用功能，注意了审美作用，体态丰盈，庄重大方，具盛唐之风。

邢窑除烧造白瓷外，还制青、黑、黄釉瓷等产品。而白瓷亦分粗细两种，邢窑白瓷胎质坚实，胎质细洁纯白，器内施满釉，器外釉倒不足。在胎、釉之间有一层化妆土，作为护胎釉。尤为难得的是其细白瓷的釉面光滑，色泽雪白莹润，陆羽《茶经》中所赞"邢瓷类银"、"邢瓷类雪"，便是指其釉色而言。

邢窑出产瓷器产品器型规整，制作精致，有碗、盘、钵、托子、杯、砚、盒、瓶、壶、罐等，多为日常用品，均少带纹饰，以突显釉质之美，风格朴素淡雅。

◀ 宋邢窑出产的白瓷斗
▲ 造型奇特的唐邢窑瓷器

临城赵子龙文化

《三国演义》中的赵云形象是文武双全、近乎完美无缺。有诗赞证:"常山有虎将,智勇匹关张。汉水功勋在,当阳姓字彰。两番扶幼主,一念答先皇。青史书忠烈,应留百世芳。勇绩当阳著,常山屡建功。胆量魁西蜀,威名冠汉中。彼军都似鼠,此将竟如龙。两番全幼主,千载更谁同。"

赵云,字子龙,三国时蜀国将领。"常山赵云,身长八尺,姿颜雄伟,刚毅任使,尤擅骑射,郡人景仰。"(《真定县志》)初从公孙瓒,后来归顺刘备,为主骑。历任翊军将军、中护军、征南将军,封为博昌亭侯。以勇敢善战著称,号称"常

▶ 赵云画像(清光绪广百宋斋校印《图像三国志》)
▶ 1996年在清朝道光年间的遗址上第四次重新修建的正定赵云庙

胜将军"，被誉为"一身是胆"。在罗贯中的小说《三国演义》中，作为西蜀刘备的五虎上将之一被民间奉为"战神"。

在西晋史学家陈寿（233—297年）的纪传体史学名著《三国志蜀书赵云传》中有如下记载：

"赵云，字子龙，常山真定人也。本属公孙瓒，瓒遣先主为田楷拒袁绍，云遂随从，为先主主骑。及先主为曹公所追于当阳长阪，弃妻子南走，云身抱弱子，即后主也，保护甘夫人，即后主母也，皆得免难。迁为牙门将军。先主入蜀，云留荆州。

先主自葭萌还攻刘璋，召诸葛亮。亮率云与张飞等俱溯江西上，平定郡县。至江州，分遣云从外水上江阳，与亮会于成都。成都既定，以云为翊军将军。建兴元年，为中护军、征南将军，封永昌亭侯，迁镇东将军。五年，随诸葛亮驻汉中。明年，亮出军，扬声由斜谷道，曹真遣大众当之。亮令云与邓芝往拒，而身攻祁山。云、芝兵弱敌强，失利于箕谷，然敛众固守，不至大败。军退，贬为镇军将军。

七年卒，追谥顺平侯。

初，先主时，惟法正见谥。后主时，诸葛亮功德盖世，蒋琬、费祎荷国之重，亦见谥。陈祗宠待，特加殊奖，夏侯霸远来归国，故复得谥。于是关羽、张飞、马超、庞统、黄忠及云乃追谥，时论以为荣。云子统嗣，官至虎贲中郎，督行领军。次子广，牙门将，随姜维沓中，临陈战死。

评曰：关羽、张飞皆称万人之敌，为世虎臣。羽报效曹公，飞义释严颜，并有国士之风。然羽刚而自矜，飞暴而无恩，以短取败，理数之常也。马超阻戎负勇，以覆其族，惜哉！能因穷致泰，不犹愈乎！黄忠、赵云强挚壮猛，并作爪牙，其灌、滕之徒欤？"

依据《三国志》的明确记载赵云为常山真定人。史料记载，正定在汉代曾称真定，属常山郡，郡府在今正定以南。作为历史古城，正定自古就有赵云庙，清代康熙年间余某曾以《三国志》和南宋裴松之依据《云别传》所作的注解为蓝本，建碑刻赵云生平。道光六年，旧庙荒芜，总兵官舒某和县令赵某动员全郡乡绅集资，移庙于关帝庙东。同治元年八月，北门瓮城内立"汉顺平侯赵云故里碑"。同治四年，再次募资重修赵云庙。

河北正定一直以来都被认为是赵云故里，一代名将也成为正定人的骄傲。然而，20世纪80年代起，随着地方文博研究的兴起，关于临城是赵云故里的学说便不断见于报端。邢台学院教授、原天津大学历史系讲师赵捷民先生，1980年12月9日在《邢台日报》以《临城名将赵子龙》为题，著文认定："赵云是冀州常山真定人，实际是今邢台地区临城县人"。国防科工委政治部老干部郝斌先生，在1995年第6期《老人天地》上发表文章，称："赵云究竟何籍人？《三国演义》中常以'常山赵子龙'称之。有的书中笼统记载为'常山真定人'，确实的籍贯应是常山国（郡）房子县，即今河北省临城县澄底村。""由于赵云系常山郡房子人，然郡治（首府）在真定，故将郡名与首府联合称谓，便有'常山赵子龙，真定人'之说。"2007年11月13日，中国民俗学会副秘书长、中国人民大学副教授黄涛先生，中国民间文艺家协会理事、中国民协节会文化专业委员会常务副会长兼秘书长霍尚德先生，专程到临城调研赵云文化，认为赵云出生于该县的澄底村。

▶ 临城县古鲁营村麒麟岗发现的赵云故里碑

2009年，随着临城"赵云故里传说"被列入河北省第三批省级非物质文化遗产名录，一场关于赵云真正故里的争论在正定和临城之间愈演愈烈，引起了社会各界的广泛关注。那么，到底是什么让临城人认为赵云故里在临城呢？

临城县澄底村，有声有色的氏族叙说。澄底村的赵姓并不很多，但历史悠久，为本村始姓，皆称为赵云的后代，年年祭祖拜谒。关于赵云的传说广泛流传于临城及其周边地区，当地人似乎从来没有怀疑过赵云是澄底村人的史实。澄底村是赵云故里的传说包括"赵云出世"、"少年赵云"、"赵云击石点泜河"、"赵云得马"、"赵云学艺"、"赵云赶考"、"赵云得兵书"、"赵云聚义"、"赵云出山"、"赵云投军"，以及"澄底的当阳桥"、"临城长坂赵云墓"等，涉及赵云走出临城前的出生贫寒、幼年顽皮、打柴糊口、读书识文、深潭得枪、崆山获马、深山学艺、占山聚义、避祸出山、投军整个过程。

史书载，赵云生前常自言："须天下平，各返桑梓，归耕本土。"然而，最终他还是客死他乡。在临城有一种"一年三百六十天，月月天天埋赵云"的传说：后主刘禅因感恩赵云冲阵救主和匡扶汉室，创建蜀汉之功，举国发丧，并根据赵云生前遗愿，旨谕从成都至常山一线建72座疑冢。据临城县文物部门统计，在"临邑古城"和子龙湖一带，被当地老百姓称作"赵云墓"的大土冢有20多处。"子龙坟，遍地云"的传说，在临城妇孺皆知。如，因毗邻众多汉代赵云墓，村名"乱墓"被20世纪60年代修建水库（现称子龙湖）时改称"乱木"村。传说，赵云出生于临城母亲河泜河北岸的丘底村（云生泜上），幼年的他在河中一块被当地人称作"神仙巴掌"的巨石上小憩，上游的山洪突然以脱缰野马之势冲泄下来。岸上的小伙伴惊恐万状地唤他醒来上岸，他却翻了一下身，嘟囔了一句："困得厉害，让水从身下流过去吧。"结果，水距离巨石丈余果然钻入地下暗河，直到3000米外的下游才冒出河面。丘底村因此改名"澄底"村。可惜有一巨掌印迹的巨石，在1963年修被洪水冲毁的公路时被炸掉，铺了路基。当年，离澄底村东不到1000处，有个十姓庄，传说赵云在打柴之余也偶尔到那里狩猎。一次，赵云竟然一箭射中一头难得的梅花鹿。赵云出名后，为了纪念他，十姓庄改名"射鹿"，至今沿用。

2005年5月19日，临城县古鲁营村麒麟岗的一口废井中，发现一座身高190多厘米的"汉顺平侯赵云故里"青石碑，右款双线阴刻隶书"光绪戊戌孟冬正定镇总兵蓝斯明立石"，左书："盐运使衔四川重庆府知府吴震敬镌"。

不管是绘声绘色的民间传说，还是出土的相关文物，都似乎证明了临城是真正赵云故里的推断。抛开历史迷雾的争论，临城的赵云文化是真实的，忠义仁勇的人文精神在正定和临城，同样得到了传承和发扬。

游览临城

崆山园区和白云洞景区
天台山景区
小天池景区
岐山湖服务区
古陆核地质遗迹保护点
蝎子沟
古文物景区

临城地质公园园区由崆山园区(22.98平方千米)、小天池园区(31.50平方千米)两个园区，以及白云洞、天台山和小天池3个景区组成，岐山湖和古陆核地质遗迹被分别规划为公园服务区和地质遗迹保护点分布区。公园集洞、山、水、原始森林及人文景观于一体的综合性旅游区。被专家誉为"北方一大奇观"的白云洞景观密集、造型奇特，奇绝

而又神秘；险、幽、秀、美的天台山丹霞飞瀑，柏涛阵阵，古刹钟声悠扬，是历代文人香客消闲、寻幽、拜佛求经的圣地；碧波千顷的岐山湖，水光山色，鱼跃鸟飞，水质优良，鱼虾丰富；被誉为"太行翡翠"的小天池原始森林幽而野，大而壮；以宋代古塔，明清方井、角亭，驰名中外的唐代邢瓷窑遗址为代表的人文景观，古朴而壮丽。临城以丰富的旅游资源构成了风格迥异、方圆百里的旅游区。1990年崆山白云洞风景区被省政府列为省级风景名胜区，1997年被河北省人民政府推荐为第四批国家级重点风景名胜区，1998年被评为河北省"十佳"风景旅游区、"河北省文明风景旅游区示范点"。

▲ 临城国家地质公园
▲ 临城旅游景区图
▶ 崆山白云洞景区游览图

崆山园区和白云洞景区

白云洞中岩溶造型类型齐全，有南国溶洞所有，更具南国溶洞所无。景点密集，尽得天下溶洞景色。宏观石景，如擎天玉柱，巍然耸立；微观石景，精巧细致，千姿百态，万物生灵无所不容，惟妙惟肖，栩栩如生。各种景观五彩缤纷，交相辉映。石钟乳、石笋、石花、石幔、石帘、石瀑布、石莲花、边石坝、边石台、石葡萄、石珍珠琳琅满目，应有尽有，正所谓岩溶造型"博物馆"。

白云洞景区

崆山白云洞形成于5亿年前的中寒武纪，是我国北方一处难得的岩溶洞穴景观，是国家重点风景名胜区和国家地质公园、国家4A级景区。整个溶洞景观给人以形态美、线条美、空间美等多种艺术享受，堪称岩溶造型"博物馆"和"地下迷宫"，被誉为"北方第一奇观"。

白云洞景区南起于临城县西竖乡山南头村东、白云山南端，北至王家庄，东西两侧均以园区边界为界，面积约11.89平方千米。崆山白云洞所在的白云山，为太行山东麓分支山脉，

总体走向为北北西，白云洞洞口高程157米。景区以溶洞地貌为特色，集岩溶作用、岩溶溶蚀与岩溶堆积地貌、岩溶地下水为一体，其中各类宏观、微地貌形态景观非常丰富。崆山白云洞自1990年7月1日正式对外开放后，备受中外宾朋青睐。原中国佛教协会会长赵朴初先生为溶洞题写了"崆山白云洞"洞名。社会各界知名人士纷纷挥毫题词，赞誉不绝。

崆山白云洞，发育在古生界寒武系中统张夏组灰岩中。地层形成于距今5.13亿年～4.49亿年，当时临城处于气候温暖的浅海环境。到2.05亿年发生燕山运动在临城西部形成北西走向的断层束，使地层弯曲破碎。距今6500万年以来，太行山区受喜马拉雅山运动影响，进一步抬升，使石灰岩裂隙由充水溶蚀状态变为滴水溶入，在溶洞中淀积成的岩溶景观，造就了这个北方罕见的溶洞。

白云洞中岩溶造型类型齐全，有南国溶洞所有，更具南国溶洞所无。一洞囊括天下溶洞之奇观，景点密集，一游尽得天下溶洞之景色。四望一片原始的石装空间、宏观石景，有如擎天玉柱，巍然耸立；微观石景，精巧细致，千姿百态，如花、如柳；似塔、似台，万物生灵无所不容，且惟妙惟肖，栩栩如生。各种景观五彩缤纷，交相辉映。石钟乳、石笋、石花、石幔、石帘、石瀑布、石莲花、边石坝、边石台、石葡萄、石珍珠琳琅满目,应有尽有,不愧为专家所称赞的岩溶造型"博物馆"。崆山白云洞岩溶作用与岩溶地貌在中国北方具有一定代表性,溶洞虽然没有贵州织金洞、九龙洞,浙江瑶琳洞那样拔地几十米的高大石笋、石柱和上万平方米的厅堂,也没有贵州龙宫、广西丰鱼岩那样可荡舟游览的地下河,但却有其婀娜多姿、小巧玲珑的独特微地貌造型景观。如果说北京石花洞是石盾博物馆、四川芙蓉洞是洞穴碳酸钙晶形艺术博物馆,那么白云洞岩就是石旗、石帷、卷曲石的博物馆。崆山白云洞岩溶形态类型多样,发育完整,洞穴中溶蚀作用形成的蚀余造型和洞穴化学沉积的机理深奥莫测。其岩溶作用、岩溶现象、溶洞地貌典型而具有特色,特别是岩溶堆积中的化学沉积,造型奇

◀ 仙山琼阁
▲ 象形石
▼ 不同发育时期的石钟乳

- 针状石钟乳
- 百叶状石钟乳
- 金鸡报晓
- 多彩石旗
- 崆山瑰宝

异、品种多样,对地质学、地貌学、岩溶学、洞穴学、地球化学等方面均有较高的科学研究价值和科学普及价值。

崆山白云洞的奇绝不但在于它景观密集,造型齐全,而且更在于它标新立异,巧塑出诸多艺术家难以想象、科学家难以判断的奇绝岩溶造型。如丝瓜瓤一样的"网状卷曲石";精美绝伦、巧夺天工的"玉簪对宝瓶";横悬于石钟乳之上、弯曲横斜,如枯枝状的"节外生枝";那细直而中空直插在圆堆上的"朝天一柱香",均为全国,乃至世界溶洞中所罕见,故称为"四绝"。还有岩溶垂滴的玉凌玉笋突然"阴差阳错",半空里错位各走异端;还有错位之后又弯弯曲曲连结在一起的"委曲求全";如线如丝,挂满空间晶莹透明的线形石管;薄如纸、亮如镜、脆如磬、击之有韵律之声的"百叶石幔",以及"玉叶托塔"、"金墩玉柱",赛似天上的奇珍,胜过海底的稀宝,令人目不暇接,这些大自然鬼斧神工造就的谜团,更诱人神思飞扬,等待着人们去探索究竟。

更为奇绝的是,1997年中国科学院地理研究所的洞穴专家在考察崆山白云洞时,发现一处裸露在山顶上的古石笋基群,整个面积达500余平方米,现露出的古石笋部半径1.6米,呈同心圈状发育,基部高出地面34厘米,碎石与钙质土埋藏部分不祥。同时,它与另外3个石笋基群连成南北长5.8米,宽2.3米的石笋基群。与它共生的还有洞壁流石、石葡萄、钙化结晶

孔等。古石笋的发现对于研究全球气候变化、华北地区、太行山地区喀斯特地貌和洞穴的发育具有重大意义,并且具有重要的风景旅游价值。在山顶上发现古石笋基群在我国还是第一次,在世界上也未见同类报道。

崆山白云洞初步探明并开发了5个洞厅,最大洞厅约2170平方米,主要景点200多处。5个连环套接的洞厅,据其氛围景象之不同,依次命名为"人间"、"天堂"、"地府"、"龙宫"和"迷宫",五重天地5样感觉皆于转身举步之间。

人间洞厅

人间洞厅长70米,宽35米,高18米。洞厅开阔,山重水复,花草树木相衬,更兼苏州园林之妙趣,生机勃勃,一派祥和。洞顶这条南北向断裂破碎带十分明显,千百万年前,这里处在地下潜水面以下,含有二氧化碳的地下水,沿着这个断裂破碎带溶蚀,天长日久,就溶蚀成这么大的"空间"。地壳抬升,地下水面下降,就露出了洞厅。洞厅形成以后,洞顶含碳酸钙的滴水,发生钙华结晶沉淀,形成众多奇妙的造型景观,装饰了洞厅。主要景观有网状卷曲石、霸王鞭、擎天柱、悬空寺、金蟾戏金鱼等。洞内石笋、石塔、石钟乳、石柱遍布。由于洞顶落下的水滴多次飞溅、钙化沉积而形成的石花,比比皆是。

石花,洞厅内一簇簇像菜花一样的钙化沉积,我们习惯上叫"石花",在地貌学上大一点的叫"石疙瘩",小一点的叫"石珍珠"、"石葡萄"。它是由石壁上的凝结水,汇聚成许多线状水

◀ 擎天一柱
▲ 石花
◀ 石笋与石葡萄

▲ 溶洞一绝——网状卷曲石
▶ 天堂洞厅

流,遇岩面凹凸不平处,就沉淀成菜花状或葡萄状钙化。这种石花在洞中很多,随处可见,它们在洞中开放了亿万年。擎天柱是白云洞中最大的石柱,它顶天立地,高8.5米,周长4.3米,据地质学家考证,这样的石柱500年也长不了1毫米。擎天柱宛若一位历尽沧桑的时间老人,是崆山白云洞形成演变的见证。

霸王鞭,是一石钟乳与石笋连为一体的石柱,颇似西楚霸王手持神鞭。石笋与石钟乳是溶洞中常见的自然景观。石笋,如果超过3米就叫石塔。从洞顶往下垂的叫石钟乳。上面的石钟乳与下边的石笋对应着生长,联成一体,就叫石柱。地表水从洞顶裂隙中渗漏,由于水中二氧化碳释放,产生钙化沉淀,挂在洞顶的就成了乳头状的石钟乳,滴下来的含钙的水珠沉淀,天长日久,就形成了石笋。

"银针倒挂"长短不齐,色泽各异,是正在发育的石钟乳。在"银针倒挂"的上方,像丝瓜瓤一样的毛针状的沉淀物,地质学上叫"网状卷曲石",在我国其他溶洞中非常罕见,所以称这是崆山白云洞的第一绝。它是如何形成的呢?地质学家说法不一,但多数认为"网状卷曲石"是在毛细水流作用下,首先形成毛状、针状的沉积,由于洞中湿度、气流变化的影响,微小晶体的沉积固结速度各异,导致晶体间孔隙方位的变化,这些毛针状的沉积物无定向地卷曲生长,就形成了卷曲石。

"万家灯火",石柱北面有几个小型的石笋,

知识链接

卷曲石

螺旋状或扭曲向上的钟乳石。常侧向自由生长,有的呈发髻状,显示出不单纯受重力影响的特点。其成因尚未有一致看法,有毛细作用、气溶胶作用、蒸发作用等成因说。从岩溶洞穴内情况看,它长于非常湿润的封闭环境中,这种条件一旦被破坏,卷曲石就会停止生长。

它们的顶部都有一个小坑，很是奇特。因那几个石笋顶部含泥质较多，石质松软，洞顶水滴下来，在石笋顶部击撞成小坑，犹如仰面朝天开口笑，又像盏盏"油灯"。

"金蟾戏金鱼"，像一条大金鱼欲到湖中游水，背上还驮着一只金蟾。

"西湖"是人间洞厅的一个水池。由于池底黏土已把一些裂隙堵塞，常年有水。湖中3个石笋，虽然高度还没有超过3米，但在形成过程中，由于各个阶段的气候不同，沉淀了一层一层的钙化，外形如塔，立于池中，故取西湖中"三潭印月"之意，名为"三塔映月"。

天堂洞厅

天堂洞厅长120米，宽65米，高20米，是溶洞内最大的洞厅。天堂洞厅的特点：一是洞内湿度比第一洞厅要大；二是钙化沉积类型比较齐全，有石钟乳、石笋、石幕、石幔、石百叶、月奶石和一些石针、石花等；三是有的还在滴水发育，绝景多。这个洞厅与第一洞厅一样，也是发育在南北向断裂破碎带上。厅内垂帘悬幕，神秘莫测，富丽堂皇，犹如天堂。主要景观有由于地壳运动，石钟乳与石笋发生相对位移的"阴差阳错"；有精美绝伦，被称为崆山白云洞第二绝的"玉簪对银瓶"；"银河天降"景观表面面粉状的钙化层，在地质学上

称为"月奶石",对地质和古气候的研究有很高的科学价值。另外还有万年灵芝、千年仙蘑、石琴、玉龙钻天、瑶池仙境等景观。

厅内一对石钟乳和石笋,下边的石笋可能由于地震,基座发生过位移,形成了这个违背常规的奇特景观,专家取名叫"阴差阳错"。

"银河天降",白云洞中的钙化物有各种各样的光泽,赤橙黄绿青蓝紫,像玛瑙,像玻璃,像瓷器,而这面粉状的钙化层是在较寒冷的气候条件下形成的,在地质学上称为"月奶石",在我国并不多见,它对地质和古气候的研究有很大的科学价值。"洗心池",是一个溶蚀的凹坑积水。上边垂下来的小石幕,取名叫"革面巾"。

"极乐世界",是天堂大厅中发育的一个小型洞厅里的一组景观,由于后期洞顶石块崩落,滴水在崩石上又沉淀了一层白色的钙华,又有几个造型逼真的石笋,加上比较幽静,故叫"极乐世界"。象形石有千年仙蘑、"王母蟠桃"、"万年灵芝",大自然的造化,奇妙无比!

洞壁上悬挂的形如牛百叶状的大型石幔,叫"石百叶",用手指轻轻叩击,就会发出悦耳的响声,因此又叫"石琴"。这是洞壁裂隙中的水流渗出时,形成各种幔状钙华,由于上面水量较大,分

◀ 百叶石幔
◀ 千年灵芝
▲ 阴差阳错

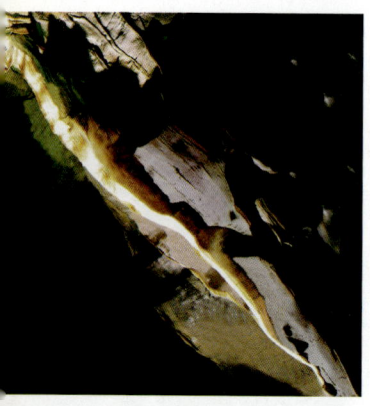

成许多小股水流，沿石幔边缘向下发育成长，形成上密下疏，半透明状的百叶状，这样典型的百叶石比较罕见，是白云洞的第二绝景。

"玉龙钻天"，是一个典型的石幔钙化沉积造型，是裂隙水流顺着龙背钙化沉积的，犹如一条巨龙昂首摆尾直冲霄汉。

石瀑布，高8.5米，宽6米，是整个溶洞中最大的石瀑布，不由使人想起李白的诗"飞流直下三千尺，疑是银河落九天"。石瀑布在漫长的地质演化过程中曾经是一个水瀑布，当大管道水流从高处呈地下瀑布或跌水落入下边的洞穴时，就与地表瀑布一样，产生瀑布状的钙化沉积。

"万寿台"，有一个石笋高高在上，好像如来佛祖在讲经。下边一群粗短不一的石笋，顶部光滑浑圆，恰如一群罗汉在朝拜如来，有人叫这组景观"灵山仙境"，也有人称之为"五百罗汉朝如来"。

"吉祥石"是一块透明的小石笋，它晶莹剔

▲ 玉龙钻天
▼ 石瀑布
▶ 金簪对净瓶

透，光洁如玉，说明碳酸钙晶体比较纯，如含不同的杂质，就会呈现出不同的颜色。

"玉簪对净瓶"，玉簪是一个大型的石钟乳，后来洞中一些雾状、珠状水附在这个石钟乳上，析出钙质晶体，形成了一簇簇洁白的石针、石花，造型有的像金龙戏珠，有的如玉凤展翅，很像古代妇女头上插的玉簪。下边的大型石笋，形如观音菩萨用的净瓶。上下快要接合，因此叫"玉簪对净瓶"。这组景观，美学观赏价值很大，是一件精美绝伦的艺术珍品，是崆山白云洞的第三绝景。这些形态奇异，琳琅满目的精巧造型是怎么形成的呢？原来，在洞壁上的钙化沉积物中，有很多细小的孔洞，毛细水渗出后，由于表面张力作用，释放出二氧化碳气体，便在毛细管外围形成毛状、针状的微小晶体沉积下来。由于洞中温度、湿度、空气流动等多种因素的影响，导致了晶体间孔隙方位不断变化，使这些石针、石毛形成弯弯曲曲、千变万化的石花。有一水

池，水清如镜，常年不枯，水面上盛开着朵朵洁白的莲花，人们说那是天堂中的"莲花池"。池边还有一群小怪兽，似海狮，像海豹，湿淋淋的仿佛刚游完水上岸。洞壁上布满洁白的钙化沉积，形态千姿百态，故取名"满壁生花"。

"横天一枝"又叫"节外生枝"，在石钟乳上横向长出一个形似树枝的卷曲石，这在其他溶洞目前尚未发现，为白云洞第四绝。传说这是喜鹊为七月初七牛郎织女相会搭桥时衔来的树枝，王母娘娘一时怒起用玉簪投去，便是这横天一枝了。有专家解释它的形成，是细小水流下滴过程中遇到障碍，如石钟乳头部粘附住其他杂质异物时，细小水滴就会偏离垂直方向渗出，逐渐沿异物向前发育增长，就长出了横生石枝。

过了横天一枝景点，有个石礅像太上老君的八卦炉。站在"度仙桥"

上，可以看到到处是石花、石葡萄、小石柱，一只"翘首神龟"，正偷听"如来佛"讲经布道呢。在洞厅的崖壁上，一个钩子状的奇石叫"金钩倒挂"，它是当年洞中流水溶蚀而成，松软部分冲走，留下了坚硬的石埂。再向上看，又仿佛一只虎头，耳朵、嘴的形状，惟妙惟肖。

"西域女郎"，是一粗短的石笋，背面看形状类似人间洞厅中的"万年仙蘑"，换个角度看，却更像一个异域女郎的头像，眉眼、鼻子清清楚楚，梳着很多小辫，形态逼真，充分体现了美学上的变幻造型。天堂洞厅的最低处，也有一个小小石柱，虽然弯弯曲曲，但还是十分勉强地凑合到一起了，没有发生"阴差阳错"，人们形象地称之为"委屈求全"。

"竹节玉柱"的一个个"竹节"是由于上、下顶板受力不均发生断裂而开口，后来又被钙化物填充堵塞，就鼓出竹节般的痕迹来了。"朝天一柱香"是一种线形"石管"，原来这个石管是从顶壁

◀ 横天一枝
◀ 金钩倒挂
▲ 朝天一柱香
▼ 西域女郎

上长下来的,与下面石面相接。有人不小心把石管上半截碰断了,留下了下半截,成为"朝天一柱香"。这是白云洞的第五绝。

迷宫洞厅

"迷宫"洞厅怪石嶙峋,曲折迂回,别有洞天。洞道狭窄潮湿,曲折回环。这种狭窄的洞道,在溶洞地貌中称"廊道"。迷宫洞主要由弯弯曲曲的廊道组成,没有很大的"厅堂"。廊道都是沿节理破碎带发育的,迷宫洞主要东西向节理发育,大洞套小

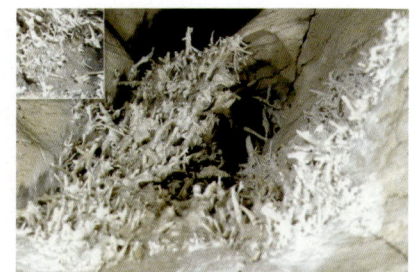

洞,洞套洞,洞连洞,洞中有洞,洞洞相通,洞洞相连,犹如迷魂阵。

洞壁上沉淀的朵朵小型石幔,像一条条巨龙,被称为"九龙腾飞"。有两个小石柱,一个洁白如玉,一个微微发红,虽然近在咫尺,颜色却明显不同,被命名为"阴阳柱"。传说一个顶的是阴曹地府,一个顶的是阳世三间。微微发红的石柱除含方解石晶体外,还含有少许的铁质;洁白如玉的石柱成分比较单纯。

迷宫洞厅里的最大洞厅是"珍珠宫",四壁和宫顶上到处布满了大小不一的石珍珠,一簇簇、一片片,琳琅满目,晶莹剔透。这种疙瘩状的钙化沉积是由雾状、珠状水飞溅到岩壁表面,产生了这种"疙瘩状"的钙化,地质学上叫飞溅水流沉积。这里到处布满了细如针刺的石绒花,是毛细管水形成的针状沉积物,在其他溶

洞中是十分罕见的。

地府洞厅

洞内怪石林立、洞厅幽暗、阴森恐怖，颇似地府。地府洞厅面积比较小，洞内比较干燥。以石灰岩被冲刷溶蚀后残留的怪石、小洞穴、洞顶的锅穴等冲刷溶蚀地貌为主。主要景观有独眼怪兽、判官、森罗塔、牛头等。

洞厅内一组石头像阎罗王骑的"独眼怪兽"，上面的怪石如阴曹地府的"阎罗王"，右面的奇石造型好像是"判官"，石壁上一条白色钙化沉淀物，下边像笔头，有人说，这是判官用的笔。

"森罗塔"，是地府洞厅中发育最典型的石塔状钙化沉积，是因为地府洞顶也有裂隙，富含重碳酸钙的水滴下而形成的。一个塔由七节组成，而且下面是空心的。

龙宫洞厅

洞内琼枝珠、水潭密布，很像龙宫。游览线路长500米，落差约50米，命名景观50余处。"龙宫"洞厅为该洞中最奇、最险、最深、最幽、最长的一个洞厅，被誉为"最具北方岩溶代表性"，洞中景观玲珑剔透，珊瑚石花、海草翠竹，一片水晶世界。主要景观有莲花托塔、醉猿抱塔、玉龙浅卧、双塔争雄、二龟对吻、线性石管、龙子仙阁等。"线性石管"上下笔直均匀，中间空心，被称为溶洞的一绝。"仙山楼阁"景观是崆山白云洞的精华。这里景观密集，一步数景，步换景移，石花、石笋、石钟乳、石帷幕、石瀑布、彩色石幔等应有尽有，是溶洞一绝。

"海底仙山"酷似海珊瑚的景观，是毛细管水沉积析出的石针和石花，有的像大海螺，取名为"海螺王"；有的像造型优美的"大金鱼"。

龙宫洞厅是一处典型的石瀑布。它是洞壁后的裂隙水流，向外渗流时形成的石瀑布。石瀑布洁白无瑕，灯光一照，如亭台楼阁，好像蓬莱仙

◀ 阴阳柱
◀ 石珊瑚
◀ 石珍珠
▲ 森罗塔

▲ 肉条石
▲ 石柱林
▶ 仙山琼阁
▶ 珊瑚石

岛的"海市蜃楼"。上方有一石柱，如冰似玉，光洁透明，堪称龙宫一宝。"玉龙潜卧"景观一簇簇不同于周围颜色的石针、石花沿着洞壁裂隙丛生延伸，宛如一条白龙潜卧于洞中。"双塔争雄"景观是一组石笋，右边的石笋已长成石柱。

龙宫洞厅是整个崆山白云洞的最底部，"海底森林"，有不少石钟乳悬垂于洞壁，有两根已接天立地，成了石柱，这是白云洞中所看到最低处发育的钙化沉积物。在"海底狭谷"有一汪池水，传说是龙女沐浴之处，这里还有段乌贼偷看龙女洗澡的有趣传说。让人称奇的是这里有好多根线形石管，它们上下粗细均匀一致，而且是中空的，在其他洞穴中非常少见，这是喀斯特溶洞中地下水的一大杰作。它的形成是这样的：洞顶岩体中的溶孔或溶隙的渗流至洞顶板，形成小水珠，由水珠表面张力的作用，使其迅速释放出二氧化碳，出现碳酸钙(钙华)薄膜沉积，中间空心，不断地渗流滴水，沉积物延长，形成长长的石管。

"龙女刺绣"是龙宫洞中精美景观之一，岩壁上有无数毛细管水渗出，结晶了无数个晶莹的石花、石针、石珍珠等微型景观，它们又簇拥在这块圆形的洞壁上，好像是龙女刺绣的绣花盘，这是龙宫洞的又一艺术珍品。

葡萄湾是龙宫最大的洞厅，八面石壁，岩纹纵横，似蛟龙盘踞，因此被称为"群龙聚会"，它是距今5亿年前在海底沉积的鳞片状灰岩地层，在毛细水流作用下形成的龙状石纹。

龙宫的绝佳境地——仙山琼阁，集人间、天堂、地府景观之大成，是白云洞的绝中绝，奇中奇，是溶洞之精华。这里景观密集，一步数景，步换景移，满目是景。石花、石笋、石管、石钟乳、石帷幕、石瀑布、彩色石幔等应有尽有。它们千姿百态，标新，立异，其丰度、密度、变化度最具典型性和代表性，被专家们称为我国北方

难得的岩溶造型博物馆和地下迷宫。满壁的针状石花,精致优美。细细的针状造型,似花瓣,如花蕊。岩溶滴水受毛细现象的影响,不断发育成长,形成这一簇簇石花,针状石花是崆山白云洞的第六绝。

"竹林屏障",这一根一根石柱,不仅有粗有细,而且每一根石柱像竹子一样长着"竹节",是由于上边顶板和下边底板受力不均,如下底板下移,石柱断裂开口,后又被钙化所充填堵塞,于是形成了竹节状遗迹,一个遗迹就是断裂过一次的证据。

崆山白云洞景区附属景观主要有惊险奇绝的探险城、如梦似幻的水帘仙洞、极具科考价值的古碑廊、驰名中外的邢瓷古作坊及皇姑殿、临城博物馆、惊奇城堡等人文景观。

天台山景区

> 天台山景区被誉为研究沉积岩学的天然博物馆;小天池景区被誉为"野外实验室"……这里浓缩了30亿年来,特别是晚太古代五台期、中元古代吕梁期以来惊心动魄、震撼寰宇的地质历史,它不仅是太行山区的一部史书,也是华北地区地质历史的缩影,是研究地球科学、发掘古文化渊源的重要基地。

天台山景区距崆山白云洞西北8千米,包括大平台、五谷仓、石柱峰、天眼山、九尖山等诸峰,总面积约23平方千米。天台山在古时就有天台八景之说。主要景点有:溪谷、瀑布、清泉、五谷仓、龙首峡、天圈、九县垴、大天眼山、小天眼山及南禅、北禅、慈云庵、仙岩庵等处建筑址和桃花洞等近20处。其景观特色是由红色石英砂岩组成的丹霞地貌,岩峰和峭壁具有顶平、壁陡、坡斜的特点。

天台山因山体挺拔参天、顶平如台而得名。山体小巧玲珑,奇特多变,景色丰富多彩。主峰以五峰并列、横石叠砌、身方而首圆、状如粮仓拔地而起,被称为"天下第一仓";有壁高达百余米、壁立如屏、气势壮观雄伟的绝壁;有高起而窄平的山顶大平台、峡谷天梯。登高远眺,天宇辽阔,群山丘陵平原尽收眼底,颇有登临泰山之巅"瞻鲁台"的气势和感受,犹如古诗所云:"(天

台山）云根高出古城西，一片苍茫望转迷。几度游观攀石磴，巍然疑是上天梯。"天台山景区还有曲折幽静、谷间开合富于变化的溪谷，溪水弯弯，瀑布叠落，别具探幽寻野的情趣。充满着神话和传奇色彩的仙境——慈云庵，目前已恢复重建开光，佛事兴盛。还建设了苗家楼、云海亭等景观。更有500亩古柏林苍翠茂密，气质古朴幽雅，衬托着神奇挺拔的天台山主峰，构成一幅绝妙的自然美景。

组成山体的主要岩石为距今约18亿年开始生成的中元古界长城系石英砂岩，岩石的颜色多为红褐色，质坚、石硬、巨厚层状，层理面倾角 $5°\sim6°$，近于水平，岩层受构造影响两组近于垂直的节理发育；易产生张性裂隙崩塌，因此山峰挺拔，多峭壁、陡崖。但顶平如台，或呈桌状属嶂石岩地貌中的一种类型，砂岩层面多保留波痕、泥裂等沉积古地理环境构造遗迹。天台山雄伟而壮观，要登顶远眺须沿龙首峡旁的登天梯攀岩而上东望大小天眼山，峰秀洞奇，南瞰岐山湖畔江南秀景。

天台山可谓四时都有美景供人游赏：春有雨

▲ 秋来天台山
▲ 天台山红褐色石英砂岩
▼ 天台览胜

后白珍珠般撒满天台的蘑菇；夏有点缀于绿丛中的山丹丹鲜红耀眼；秋有漫山野花清香阵阵，沁人心脾；冬有挺拔的苍松翠柏傲雪斗霜。山上奇石、怪石数十种，山花中药500余种。大自然为天台山塑造出众多的美景，是游人览胜猎奇的极好去所。明代大理寺少卿乔璧星回乡省亲，曾数次登天台山并留下诗句："人道天台是丹丘，上有五城十二楼，今日登临无觅处，白云苍树对清秋。"

天台卧佛

天台山主峰远望就像一尊首东足西的巨型卧佛，仰望苍天笑卧在苍翠的柏林丛中。据地质工作者考察分析：之所以能雕琢出如此栩栩如生的造型，是由于坚硬的巨厚红色石英岩地层，被北北东和东西向两组节理的切割，加之地壳的长期抬升，水流侵蚀和岩体的崩落形成了如刀削斧劈的悬崖峭壁象形峰。

丹霞飞瀑

在红色砂岩形成的峡谷中溪水汇流直落崖下成瀑。崖壁为红色砂岩，银白色瀑布与之构成一幅生动的画面，在阳光照耀下，岩红如血，瀑白似银，生辉夺目，五彩纷呈，别具神韵，故称

▲ 丹霞飞瀑
▼ 天台卧佛
▶ 五谷仓

"丹霞飞瀑"。瀑高23.5米，宽12.2米。瀑水清澈无染，甘甜冰凉。瀑下冲成一深6米，长28米，宽15米的深潭。溢满的瀑水蕴含山上数百种草药精华，附近村民常用之祛病健体，或洗浴治疗多种皮肤顽疾。

五谷仓

五谷仓为天台山主峰的五座桌状山，五峰并列雄伟挺拔，状如五座谷仓，远望酷似卧佛的头部，五官清晰逼真。大自然的各种地质营力就是卓越的雕塑大师。旧县志记载天台山主峰叫连廒峰。廒是收藏粮食的仓房，因这5个粮仓似的山峰并连在一起，所以叫连廒峰。远看壁如刀削，横石叠砌，有100多米是裸露红石，夕阳照射丹霞绝壁，雄伟壮观。身方顶园，很像5个盛粮食的圈囤，俗叫五谷仓，这就是连廒峰。连廒峰东北数里有天眼山、老祖庙、玉禅寺、桃源洞等名胜古迹。

天台悬崖栈道

天台峭壁，笔直如削，造型奇特，犹如飞檐斗拱，它记载着最古老岩层的起伏、错落、风化、剥蚀过程。在悬崖半腰，有一条长百余米的"栈道"崎岖狭窄，一般人极难通过。当地人传说，很早以前曾有仙人攀岩出入，故名"悬崖仙道"。其实可以想象，那攀岩出入的，绝非什么仙人，因这山中极多奇珍药材，只不过是当地采药的农人罢了，日久天长，便有此"仙道"。在山之半腰原来还建有一亭，因址在陡崖之上，所以取名"悬空亭"。因为原来无路

可通，何年何人如此建筑，给人留下了一个千古之谜。只知是木质龙角灰瓦、四角小亭。现在的小亭是后来根据传说建造的。飞檐斗拱红柱黄瓦，富丽堂皇。站立亭中，上悬百丈峭崖，下临万丈深渊，颇有仙风道骨。

它的形成除了漫长地质时代的构造作用影响外，起主要作用的是不同胶结成分的岩性差异风化。栈道的底面和上部突出的悬崖是不易风化剥蚀的厚层硅质胶结石英砂岩；而中部向山体凹进部分，多是钙质胶结，易风化较松软的岩石。恰好在山腰形成一条似带状空中栈道。漫步曲径，俯视漫漫林海，令人心旷神怡。

天眼山

天眼山上有巨大的通透型山顶残留溶洞，称为大天眼、小天眼。大天眼高27米，深123米，相传是二郎神挑扁担的窟窿眼。从远处望去，那透出蓝天的洞像是一面镜子，镶嵌在山的顶部，所以又叫"明镜山"。神话传说杨二郎把山从扁担上溜脱后，又用

扁担插了一下,想再次挑起来,结果又透豁了,便留下了一个小天眼。这不过是神话传说。其实大小天眼的形成是这样的:几十亿年前这里还是一片浅海环境时,石灰岩被海水长期侵蚀,岩石松软的部分被海水冲刷掉,慢慢形成了一种溶洞,后来由于地壳运动,使山体上升,海水消退,形成裸露的峰脊溶洞。由于大小天眼是通透的,"过堂风"很厉害,即便是在烈日炎炎的盛夏,站在里面也会觉得冷风刺骨。

波痕、泥裂、槽模

在天台山景区随处可见多变的沉积岩交错层理、波痕石、龟裂石等。其中波痕石表面看为红色石板,可分为蚯蚓状波痕、同层异类波痕、平顶宽缓状波痕和泥裂波痕混交四种。它们是滨海沙滩及河流入海的三角洲相在潮下带受波浪的影响使潮下的松散沉积物随波浪运动而运动,平静的波浪形成了对称式波痕,近潮向带形成了不对称波痕。由于沉积环境、气候因素(风向、海潮运动模式等)、海水深浅等因素的有序变化,造就了沉积岩层面上形形色色的波痕遗迹,记录着当时的沉积环境及岩相。

小天池景区

园区山体主要岩性为下元古界浅变质的砂岩、板岩、变玄武岩，长城系石英砂岩以及后期侵入的脉岩，这些岩石在漫长的地质历史时期，经受构造运动的抬升、侵蚀、剥蚀等内外动力的作用下，把山体雕塑成奇峰、怪石、高山、峡谷等地貌景观。

小天池景区位于临城县境内的太行山中部，距县城50千米，在海拔1000多米的东大梁上松林中有两个水池，犹如天池，故名小天池。小天池景区以生态景观为特色，生物资源丰富，生态环境优美。

小天池以华北植物区系为主，约占80%以上。其他植物区系成分复杂既有寒温性的种类，如白桦、蒙古栎等，又有热性种类，如白羊草、荆条、漆树等。裸子植物主要是油松、侧柏。属于第三纪的被子植物种类有酸枣、铁线莲、臭椿等。属于华东和华中植物区系的种类有麻栎、绣线菊、荆条、南蛇藤、核桃楸、漆树等。属于康藏植物区系的种类有桑树、繁缕、早熟禾、太平花、照山白、迎红杜鹃等。属于东北植物区系的种类有桦木、山杨、蒙古栎、山杏等。景区内野生高等植物100余科，355属，604种；蕨类植物有

◀ 大天眼
◀ 小天眼
◀ 波痕石
▲ 小天池全景
▼ 植被茂密的小天池景区，被誉为太行山上最绿的地方

▲ 天池初夏
▼ 日出小天池
▲ 白云寺古树
▲ 变质岩峰林

11科、14属、22种；裸子植物3科、3属、4种；被子植物86科、338属、578种。其中国家二级保护植物核桃楸、刺五加、黄柏3种，名贵药材有五加皮、桔梗、党参、何首乌、半夏、灵芝、黄精等。

区内有野生动物160种，其中国家一级保护动物金钱豹、黑鹳、金雕3种；国家二级保护动物13种，国家有益保护动物多种（狍子、野猪、

石、剑林石、鹦鹉石、馒头石、阴影石、静心石、虎头石等都是这些地貌景观形象生动的景点命名。

区内有人文景观莲花池遗址、白云寺、将台岭、原始山庄等。其中白云寺文化积淀浓厚,虽历经1000多年,但白云寺四周环境仍然保存了古树茂盛,涧水长流。景区内风景优美,峰峦叠嶂,沟壑曲折,绿树葱葱,以奇、险、峻、野、秀、幽和悠久的历史文化著称。据现存碑刻记载:宋徽宗曾游览于此,且"白云寺"、"驾遊"赐名也都与宋徽宗有关。

狐狸、獾、狼、野兔、松鼠、刺猬等)。林中野生鸟类有环颈雉、石鸡、角鸡、勺鸡、喜鹊、斑啄木鸟、红尾伯劳、朱雀、翠鸟、红隼、白脸山雀等70余种,啮齿类动物有各种家鼠、松鼠等,山间河流、小溪有各类昆虫20余属,河蟹1种。

景区多中、低山地貌景观,群峰耸拔,层峦叠翠,沟壑纵横,山高坡陡,森林茂密。海拔高度多在590~1400米,其中最高山峰——九树垴海拔1426.6米。区内地形相对高差大,多悬崖绝壁、奇峰怪石,如大腰崖、瞻拜崖、掌坡崖均为百米绝壁。产状近于直立的变质岩,经差异性风化、侵蚀形成的猪背岭(鱼鳍岭状)地貌,是区内主要的地质遗迹景观,如金龟驮书、老娘石、刀劈石、挡风

岐山湖服务区

岐山湖水面开阔,湖岸曲折漫长,水碧如镜,平静而清澈与远山呼应,构成绿水映青山的美丽画卷,像一面硕大的宝蓝色明镜镶嵌在太行山东麓。

岐山湖位于白云洞西南2.5千米,为一用于灌溉的水库,湖区水面8000亩。新月形湖北岸是拔地而起、突兀壁立的岐山,宛如飞来之峰,匹练般的瀑布,从山巅飞流直下,腾起了一片片巨大雾状烟云,在阳光照射下幻化出一道道变幻莫测的绚丽彩虹。岐山观海楼秀踞在岐山之巅,眺望着浩渺的湖面。为便于为游客服务,现已规划为公园服务区,提供住宿、餐饮、娱乐服务,目前已基本建成。

岐山湖景随时节而移,四季如画:春日紫燕衔泥、凌波倩影;夏日岸柳滴翠、水鸟啾鸣;秋日鸭鹭翔栖、水天一色;冬季万里雪飘,成了天然冰场。

岐山湖水清,湖边浅处呈淡绿色,湖中深处一片蔚蓝。水产资源丰富,有重几百斤的青鱼,有大如锅盖的圆鱼,还有身长数寸的湖虾。地方

名吃"临城酥鱼",即产自岐山湖。

岐山湖悠久的佛教文化,令人神往,高达50米的汉白玉观音塑像,玉立云天,背依岐山,面观湖海,足踏莲花,手托净瓶,扬播甘露,向尘世传播着海天佛国的天籁福音。

湖的北岸,一架宛若彩虹的长廊,雕梁画栋,势若游龙,蜿蜒在波光粼粼的湖面上;风格迥异的亭、台、楼、阁、榭、桥,如烟雨楼、与谁同坐坊、湖光山色共一楼、玉带桥、莲花桥、邀月轩、云霞阁、留佳亭、寄澜亭、秋水亭、清遥亭、澜桂轩、瑞泽园、寄柳桥、听荷轩、文韬阁、月来亭、云起亭等分布其中,各景点均镌刻着千古叫绝的诗文佳句及艺趣文章,供游人欣赏玩味,构成了一道中国古典园林文化的风景线。

汤汤大水为野趣、垂钓、游泳、水上拓展等多项亲水活动的开展提供了广阔的水域。取自地下1500米深处岩层的温泉含有丰富的矿物质,和岐山的雄秀及瀑布自然浑成一体,珠联璧合,让游人在游玩之中身心得到充分的保健和休憩。

岐山湖周围,有数分钟到数十分钟即可达到的4A级旅游景区国家地质公园崆山白云洞、嶂石岩风景区、天台山风景区、小天池原始次生林、国家森林公园蝎子沟等景区,形成了供会议、会展以及一日、二日、三日及多日游的旅游资源,从而为八方游众提供了最大的选择空间。

◀ 岐山湖碧荷万顷
▲ 长堤卧波
▲ 汉白玉观音像
▲ 湖畔商周古城遗址
▲ 岐山湖会展中心

古陆核
地质遗迹保护点

古陆核地质遗迹保护点及周边中太古代—古元古代的表壳岩组合，反映了华北太行山一带古老基底的形成机制，对追溯研究华北古陆生成早期的地质建造、岩浆活动、地壳运动等具有重要意义，对于华北太古界、古元古界岩石地层的进一步划分，有着重要的科学价值。

▲ 中元古界长城系常州沟组石英砂岩
▶ 蝎子沟，"太行山上最绿的地方"

公园内外的中太古代赞皇岩群和王家崇(混合)片麻岩，是太行山区南段最古老基底，变质年龄大于25亿年；晚大古代菅等片麻状含斑花岗岩、李家庄片麻状花岗岩为五台运动末期侵入岩的产物；古元古代后形成的官都岩群典型剖面、甘陶河群属古元古代末期沉积的一套复杂成分陆源碎屑—复理石—碳酸岩建造夹基性火山岩建造；中元古界长城系常州沟组石英砂岩及寒武系到中奥陶系灰岩、页岩及砂岩等海相沉积建造既是地学研究的重要遗迹，也是开展科普活动和旅游的重要资源。

公园的古陆核地质遗迹共包括四个景群，每个景群的具体重点观赏范围。一是赞皇岩群岩石地层景群，以郝庄乡石家栏—上红鹤一带为重点。二是古元古代官都岩石地层景群，以郝庄乡官都一带为重点。三是古元古代甘陶河群岩石地层景群，以赵家庄七峪—小天池一带为重点。四是中元古代长城系常州沟组砂岩景群，以西竖镇黑城乡天台山—王家庄一带为重点。

知识链接

古陆核

古陆核，即克拉通（craton）。大陆地壳上长期稳定的构造单元，即大陆地壳中长期不受造山运动影响，只受造陆运动发生过变形的相对稳定部分，常与造山带（orogen）对应。W.H.施蒂勒1936年提出，作为与造山带相对应的地壳稳定地区。克拉通一词源于希腊语Kratos，意为强度。1921年柯柏称之为"kratogen"，1936年施蒂勒改称"kraton"，当时还划分出高克拉通和低克拉通，分别对应于大陆和大洋盆地，由于后来已证实大洋是活动的年轻地壳，今克拉通一词仅用于大陆地区，是地盾和地台的统称。

蝎子沟

> "蝎子沟"西部山体为典型的"嶂石岩"地貌景观,具有很高的地质科研价值和旅游观光价值,是太行山雄险、壮美的典型代表。东部峰峦叠嶂、连绵起伏,变质岩石峰奇特壮观,与嶂石岩地貌交织在一起,形成峡谷、奇石、尖峰等地貌景观,为国内乃至世界所罕见,是科学考察、生态旅游、避暑度假的胜地。

位于临城崆山溶洞西27千米,景区面积50平方千米,森林覆盖率达89%以上,盛夏平均气温23℃,被誉为"天然氧吧"。专家称其"既有江南绿林碧水之秀色,又有坝上(高原)夏季气候之凉爽"、"是太行山最绿的地方",秋天的蝎子沟漫山红叶层林尽染,不是香山胜似香山。

公园规划总面积4634.15公顷,森林覆盖率达89%。园内自然生态系统保存良好,植被繁茂,古树众多,珍禽异兽出没其中。春夏秋冬异彩纷呈,景色随季节更替变幻多样。春季山桃花、山杏花、杜鹃花次第开放,漫山遍野争奇斗艳,清香扑鼻,沁人心脾;夏季满目葱翠,清凉宜人,是避

暑的理想所在;秋季层林尽染,红色的五角枫、毛黄栌,黄色的橡栎类、桦木类等姹紫嫣红;冬季雪压青松,银装素裹,分外妖娆。公园山峰海拔大部分在1200米以上,最高峰1508米。西部山体为典型的"嶂石岩"地貌景观,造型形形色色,栩栩如生;东半部峰峦叠嶂、连绵起伏,变质岩峰林奇特壮观。金銮殿垴犹如一座富丽堂皇的宫殿;石人寨的九个石柱形如玉女,面北而立,惟妙惟肖。蝎子沟山高谷深,夏季空气湿度很大,极易形成云海和流雾,规模宏大,景色秀丽。浓时如海气势磅礴,云海之上是山是岛还是瑶池仙境,令人分辨不清;薄时如纱,轻飘慢舞,缓缓上升,山体忽隐忽现,犹如仙境。

公园内野生动植物资源丰富,有野生高等维管束植物约100科604种,其中国家二级保护植物2种;野生动物有52科149种,其中国家级保护动物15种,被誉为"太行生物资源库"。

古文物景区

临城县具有7000多年的文明史，境内共有国家级文物1处（邢窑遗址，被列入全国大遗址规划保护的项目），省保级4处，县保级60多处。临城人文和古文物景观包括普利寺塔、息波亭、唐宋邢瓷窑遗址、蛤蟆桥、护城石堤及乔璧星墓、刘王寨遗址、北齐赵州刺史李祖牧先夫人之墓、草堂寺、汉王霸墓、古柏畅城遗址、王女塔、圣井等，都是了解临城历史风土人情的良好场所。

普利塔

普利塔位于县城东北角，塔南旧有普利寺，故名普利塔。该塔下砌石台，台高10米，南北长28米，东西宽23米。塔身呈方形，底边长7.12米，通高33米。砖质结构，九级浮屠，飞檐斗拱，顶端有金属塔刹。每层四角旧有玲珑铁钟一挂，晚风袭来，叮叮作响，"普利晚钟"乃临城古八景之一。塔的底级较高，外壁四周砖刻974尊佛像，内壁砖刻40尊佛像，形态各异，栩栩如生，故又名"万佛塔。"塔身南面有石拱门可以入内，内有井。县志记载："有志云异僧持佛骨佛牙舍利葬于内。"塔东旧有亭台，县志记云："宋徽宗下晋阳于此驻跸，命审相蔡京书'爽亭'二字于碣

◀ 蝎子沟
◀ 碧水丹山
▼ 普利塔

- 唐邢窑带托塔形盖罐
- 邢窑遗址挖掘现场
- 唐邢窑"盈"字款白釉盖罐

上",今已废。临城是山城,整个县城依偎在太行山的臂膀里,俯视着东部的整个平原。普利寺塔位于城的高处。每当入夜,塔上的灯光在数十里外就可见,故有"夜观塔灯晨闻钟"一说。

普利塔建于宋皇祐三年(1051年),明嘉靖二十四年(1545年)和万历四年(1576年)相继重修。临城普利寺塔建于宋朝。首先反映了宋朝佛教文化复兴的趋势,宋朝前半期,是中国科技、文化复兴的一个重要时期,佛教作为华夏文化中的一个基本内核,在宋代文化复兴中占据十分重要的位置。其次也顺应了宋朝对北方地区军事统治的要求,赵匡胤建立宋朝后,由他而始,经太宗、真宗直到1064年仁宗去世,在104年中,邢州、赵州、冀州、贝州(现清河县)四地一直是宋朝与辽国打仗对峙的地带,为稳定民心,营造边屯地区祥和的气氛,宋朝在临城普利寺内建造高塔,政治、军事目的兼之。因年代荒远,风剥雨蚀,电轰雷击,又兼1966年3月七级地震之烈,"文革"期间遭破"四旧"之劫,塔已破损失容,但雄姿不减。近年搞了两次维修,并修塔台,四周砖砌了花墙,以作栏杆。目前,塔貌一新,异常壮观。

邢窑遗址

邢窑遗址位于河北省内邱、临城两县境内的太行山东麓丘陵和平原地带,主要分布在京广铁

路及107国道以西泜河、李阳河流域,集中在临城西双井以南,内邱冯唐以北约30千米的狭长地带内,面积约300余平方千米,1996年11月20日由国务院公布为全国重点文物保护单位。在内邱东起白家庄,西到西邱,北到瓷窑沟,南到冯唐,约120平方千米的区域内发现窑址13处。

据文献记载,盛唐时期全国制造瓷器的地方有20多处,而其中的北方的邢瓷和南方的越瓷最为著名。而邢瓷的发祥地则在临城、内丘一带。唐代陆羽所著《茶经》中称"邢瓷类银,越瓷类玉,邢瓷类雪,越瓷类冰,邢瓷白而花色丹,越瓷青而茶色绿。"唐代诗人皮日休也有"邢客与越人,皆能造瓷器"的诗名。邢州瓷器不愧为名瓷。《乐府杂录》中记载说,当时有一个名叫郭道源的音乐家"以邢瓯十有二,用箸击之,其音韵妙如703响。"不难看出邢瓷的烧制技术是很高的,不仅质地优美,而且结实耐用。

唐代邢瓷遗址在临城主要分布有四处:一处在岗头,两处在祁村,另一处在西双井。这些地方都发现有邢窑址遗迹、白瓷碎片、窑具、柴灰等。在所发现的唐代邢窑遗址中,出土较完整的白瓷器物主要有:

玉环底碗为圆沿,内收如钵口、深腹、矮圆足,圈宽如玉环,除圈底一圈露胎外,通体施釉,釉色白而略发银灰,质地坚实。

玉璧底碗为小唇沿,外侈、浅腹、矮圈足,圈宽如玉璧,除圈底一圈露胎外,通体施釉,釉色洁白如雪,质地坚实。

瓷马残件为白色,造型活泼逼真,釉色洁白而少光泽。

执壶为撇口、短径、短流、双条提系,圆腹,平足,造型丰满,釉色洁白,胎质坚实,柔润透彻,积釉处微发青绿。

经专家研究试验,已摸索出了古老的邢瓷制作工艺,仿制出了邢瓷产

品。邢瓷这一古代名瓷有待于进一步研究开发，扩大生产，使之焕发出新的光辉。

息波亭

息波亭位于临城西护城石堤上，俗称"八卦亭"。此亭呈八角形，内外有12根大石柱支撑着八角亭顶，飞檐斗拱，造型精美，端正结实。外八柱上以隶、楷两体阳刻十四条古人名句。西边有"月到梧桐上，风来杨柳边"，"苔痕上阶绿，草色入帘青"。东联是"海阔纵鱼跃，天高任鸟飞"。南联为"万物静观皆自得，四时佳兴与人同"，"秋月扬明辉，春水满四泽"。北联为"道通天地有形外，思入风云变态中"，"夏云多奇峰，冬岭秀孤松"。字体丰润劲媚，颇有艺术价值。亭内有石桌、石凳，是个避暑游览的好场所。暑夏时节，登其亭清风徐来，顷刻暑去，堪可养身益神。环览四景，城郭列耸，泉水潺潺，杨柳垂绿，池荷映红，足以赏心悦目。

"息波"二字暗对咫尺相望的泜

河。泜河古名泜水,《山海经》载"敦舆之山,泜水出其阴,"源自临城西部山区,自古常泛滥成灾。为防水患,自明嘉靖十五年至万历二十五年,一条长约千米的护城石堤修筑完成。如今泜水犹在,石堤却已掩于土下,唯有息波古亭旧貌宛然,岁岁年年,听泜水潺潺,盼波平浪静。

蛤蟆桥

蛤蟆桥位于县城北偏西14千米竹壁村东,古时为临城县南北交通要道。桥下有一巨石,形似蛤蟆而得名。桥长108米,宽5米,高8米,呈"人"字形,三叉两孔,故又名"三叉紫金桥"或曰"双济桥"。青石筑成,工艺精美,异常壮观,是我国古代劳动人民的桥梁艺术结晶。县志记载:"明崇祯三年(1630年),竹壁村民陈志美倡修,工未完而谢世。清康熙十五年(1676年),其子陈三光和赵体高、武计星继而修之,至康熙二十六年(1687年)三光去世,是年其孙陈文显再继修之,至康熙三十六年(1691年)工乃成。"此桥修筑过程跨明、清两代,逾数十年,历经陈氏祖孙三代,相继接力而告竣,为世代劳动人民所传颂。现保存基本完好。

护城石堤

护城石堤位于县城西侧,泜河岸边,长800米,高3米,宽2.4米,巨型青石砌成,宛如长龙。临城自古有一大害,只因城池紧靠河岸沿,河水南转而东,雨季来临,山洪暴发,凶若猛兽,每每危害城池。为防水患,历代采取了不少措施。明万历二十五年(1597年),知县和鹏搏将旧有石堤加高3尺、加厚4尺,最后完成了护城石堤的修筑任务。堤上树一碑碣,碑长、宽均为1.8米,呈正方形,青石镌刻。碑阳为万历二十五年(1597年)知县程鹏搏为修筑河堤的呈文,全文共1585字;碑阴为苏长公(苏东坡)"前赤壁赋",全文共546字。碑阳、碑阴均为阴刻楷书,书法刚劲有力,具有较高的艺术造诣,足师

◀ 息波亭
▼ 蛤蟆桥

可法,更重要的是记载了洪水泛滥变迁,城池受危的经过,这对考证古河道的历史演变具有可贵的科研价值。

其他文化遗址

柏畅城遗址位于柏畅村西南山坡上,建于汉武帝元朔五年(公元前124年),城墙依山势而建,呈长方形,南北长600米,东西宽420米,面积25万平方米。据《隆庆赵州志》记载,柏畅城在县西、为汉武帝元朔五年(公元前124年)封赵敬肃王儿子为侯。于此单姓建国,《寰宇记》载:"泜水东经柏畅城,在亭南里许,址犹存。"从发现的遗物和文献记载对照,该城址系战国至汉时期的柏畅城。在柏畅城址内外,绳纹砖瓦和碎陶片俯拾皆是,当地农民耕地时,不断发现铁剑、三校铜镞头。从砖瓦、陶片的纹饰和箭镞的特征判断,系战国至汉时期的遗物。

临邑城遗址位于南台村南丘陵台地上,建于春秋,废于唐代。南北长510米,东西宽320米,面积16.32万平方米。

临城煤矿遗址,位于县城西北6千米的祁村村北,总面积0.5平方千米。在遗址的中央,有一对井筒,直径6米,深200米,井壁用青石和水泥浆砌成,工程坚固。1882年,洋务派筹集资金139860元开办了石固煤矿、胶泥沟煤矿。1898年8月,中国与比利时首次合办直隶临城煤矿。1903年,中比第二次合办直隶临城煤矿,1905年签订合同。主副井筒于1907年先后建成,投入使用。直隶临城煤矿的建成仅晚于直隶开平、山东华德、辽宁抚顺三大煤矿,是清政府和外商建成的第四座大型煤矿。1927年矿井被水淹没,生产停顿。抗战爆发后,临城矿务局的官员弃矿南逃,煤矿地面物资全部葬入日军之手。日军在这里残杀百姓,毁坏建筑,用火车运走所有设备。1943年,闻名中外的临城煤矿全部变成废墟。

▲ 柏畅城遗址

思索临城

崆山白云洞岩溶景观的形成
岩层沉积间断面的形成
长城系沉积岩相构造遗迹的形成
主要地层遗迹的形成
地貌景观资源的形成

中国国家地质公园丛书

崅山白云洞岩溶景观的形成

崅山白云洞发是我国北方新发现的大型喀斯特溶洞。据专家考证，五亿年前，这里曾是一片温暖的浅海环境，在海底沉积了石灰岩地层，后来地壳运动，使海洋变成了山丘，由于地下水对石灰岩的溶蚀作用，造就了这个北方罕见的溶洞。

▲ 亿万年形成的地质瑰宝——崅山白云洞
▶ 崅山构造节理系统

一般溶洞形成须具有三个基本条件：一是可溶性岩层，这是溶洞形成的物质基础；二是有足够的裂隙系统存在于可溶性岩层中；三是具有长期通过的具溶蚀能力的地下水流。在5亿年～5.13亿年的中寒武纪华北处于暖热的浅海—深海环境，随着海水持续震荡，以一些胶体颗粒为核心的碳酸盐沉积形成鲕状灰岩。此后，地壳时升时降，海水时深时浅，这样持续了大约一亿年的时间，沉积一套碳酸盐岩地层。直到距今4.3亿年的奥陶纪之后,华北地壳上升形成陆地。使沉积了近千米的地层遭受风化剥蚀。以后又陆续交替几经变迁,至1.4亿年前,强烈的燕山运动使太行山褶皱带隆起,出现了一系列断裂,本区有主干断裂王家庄—岗西断裂走向300°,倾向北东,倾角75°,及次级断裂,在白云洞西侧及北侧通过,并形成了四组节理,其走向分别南西249°、北西325°、北东30°、北东83°,从而为溶洞的形成奠定了基础条件。发生在新生代以来喜马拉雅运动使崆山间断抬升。岩层中节理裂隙形成网络系统,当大气降水及地表水沿断裂带持续地注入裂隙网路系统,富含二氧化碳的地下水对碳酸盐岩产生冲蚀及溶蚀作用。同时在漫长的地质历史过程中,岩溶洞穴由小变大,伴随有重力崩落等现象的发生,使碳酸盐岩中的洞穴形态千姿百态,直到最终雕琢刻蚀出现今的巨大溶洞系统。这是该溶洞系统的第一阶段。该阶段由于重力水形成陡流水管道流、脉状流的冲蚀与溶蚀

形成了洞顶上的天锅、贝窝悬吊石及洞壁上的贝窝流纹、波痕、边槽、竖钩等奇石异景,纺织成洞厅中洞套洞、洞连洞的恢宏壮观景群。

由于碳酸盐岩沉积过程中并非总是十分纯粹的碳酸钙或碳酸镁,往往伴随其他杂质(泥质、砂质、硅质等),当含二氧化碳的地下水与上述岩石长期接触中,将易溶盐带走,剩余的是土黄色孔隙及细孔隙十分发育的太湖石。其形态奇趣万状,如阁似塔,拟人仿兽。这也是一种独特的岩溶景观。

岩溶地貌

岩溶地貌又称喀斯特地貌,是具有溶蚀力的水对可溶性岩石进行溶蚀等作用所形成的地表和地下形态的总称。水对可溶性岩石所进行的作用,统称为喀斯特作用。一般指碳酸盐岩分布地区或存在流经石灰岩的地下水所特有的地貌现象。当雨水或者地下水与地面碳酸盐类岩石接触时,就会有少量碳酸盐溶于水中。经过长时期的溶解侵蚀,形成以地表岩层千沟万壑为标志的地表特征。在喀斯特地貌下往往存在地下河、溶洞等景象。

喀斯特一词源于经典喀斯特地区,斯洛文尼亚和意大利东北部边界一带的Istria区到Ljubljana区。约200年前,此地是地形崎岖、石灰岩露头,面上交错出现凹槽与尖锐突起、沟谷、洼地等遍布的碳酸盐岩裸露区。住在附近的人就把这个地区称为喀斯特。

洞内岩溶淀积景观造型的种类繁多，无奇不有，如最常见的石钟乳、石笋、石幕、石旗、石幔、石花、石葡萄、石针、石管、石毛等岩溶（喀斯特）景观，它们的形成机理是比较复杂的，受多种环境因素控制和影响，形成千姿百态的岩溶洞穴景观。但是它们的化学沉积原理是具有共性的。即当碳酸盐岩（石灰岩、白云岩等）遇到含侵蚀二氧化碳的水时，即发生下述可逆反应：

$$CaCO_3+H_2O+CO_2 \rightarrow Ca^{2+}+2HCO_3^-$$

当石灰岩在含二氧化碳水的作用下被溶解，转变为离子形式，溶于水中。

当大量的Ca^{2+}与HCO_3^-富集于地下水中时，达到饱和状态，或由于温度、压力环境的改变，化学作用出现逆向反应：

$$Ca^{2+} + 2HCO_3^- \rightarrow CaCO_3+H_2O+CO_2\uparrow$$

形成碳酸钙的重新结晶析出，形成白色、无色透明的方解石结晶，溶洞中的所有石钟乳、石笋淀积物，无论其形

◀ 石盾及盾坠——龙宫盛宴
◀ 石瀑布（飞天玉瀑）
◀ 金鸡报晓
▼ 独立生长的石笋
▼ 擎天柱

态如何，其化学淀积机理是相同的。不同的是当其中混有铁、钡、硫等杂质时，则呈现出黄-红色。这就是为什么洞中各种不同形态的岩溶景观，颜色除了晶莹剔透的白色外，还有金黄、朱红、灰棕等不同色调的机理。

至于为什么会造出如此千姿百态的岩溶淀积景观造型，经初步考察认为影响其形态的主要因素是以下几个要素：地下水渗流运动的形态、水在岩石空隙中的存在形式、岩石中裂隙（溶隙）的展布形态、溶余岩层的外貌、洞中温度及湿度的变化、地壳运动等。

（1）当地下水饱含碳酸钙的面状流、脉状流，沿线（带）状裂隙，在重力作用下自洞顶呈层流状态运移时，过饱和的碳酸钙由于环境条件变化，缓缓积淀在裂隙的下沿，日积月累，形成带状石幕、石幔、石旗、石带等景观。当洞中地面陡坎地下水成层状面流缓缓运移，水中的过量碳酸钙淀积成布状，酷似瀑布，人称石瀑布。

（2）当饱含碳酸钙的地下水成分散的滴状下渗、滴落时，则形成倒悬洞顶的石钟乳和自洞中地面缓缓淀积成的石笋。其长短、直径大小一般与其生成的时间成正比。其分布取决于地下水流渗滴的范围和密度。例如石笋群是长期由密集而交叉的面状裂隙网络，向下滴水，使水中过饱和的碳酸钙及伴生的杂质淀积而成。例如"玉簪对宝瓶"、"阴差阳错"，即是典型的例证。

（3）当水在岩石中的存在形式系飞溅雾状水或非重力水毛细水或薄膜水时，其中所含的盐类与

水分子靠毛细力和吸附力在岩石表面或毛细孔隙中运移，水分子可以随时蒸发逸出，碳酸钙等盐分则形成细微管状或薄膜状吸附于岩石颗粒表面，在漫长的历史进程中，形成鹅管、石球、石葡萄、石珍珠等玲珑精美的造型。

（4）该洞中还有一类次生碳酸钙沉积，其外形多呈圆形，故称石盾。根据其生成部位，分为地盾、壁盾，其下有簇状盾坠。据专家研究，该类景观是局部承压水流喷射过程中形成的化学沉积。

（5）有待破译的神秘机理

洞中还珍藏着一些无法用常规科学道理解释的特异岩溶景观——千姿百态的鹅管多向生长，如横天一枝，是一枝超自然生长的横向展开的透明鹅管，它不按一般的原理向上向下垂直生长，而是横向生长，更奇的是，它忽而向上弯曲，忽而向下弯曲，极似一根干枯的树枝，也叫"节外生枝"。为什么在同一洞穴中会出现这种奇特现象，值得岩溶科学界进一步研究破译其谜。

洞顶山脊上叠层石灰岩遗迹的形成

白云洞顶的山脊上除大量的断层节理裂隙外，还可以看到成片分布的叠层石灰岩。当时温暖的海洋环境中叠层藻类发育，其遗体是富集于碳酸盐岩沉积中形成的。

▲ 横天一枝
▶ 灵猫望塔
▶ 玉龙钻天

岩层沉积间断面的形成

临城国家地质公园典型反映了晚太古代五台期、中元古代吕梁期的地质历史，岩层沉积间断面不仅说明地壳运动、古地理环境和古生物的变化，而且还可以指明某些矿产形成的分布的规律，指导我们找到矿产资源。

沉积间断面标示着地质发展史上重大地质事件的遗迹和实证。

官都岩群（Pt1G）与赞皇岩属(Ar2ZH)之间不整合接触面的形成

中太古代形成的赞皇陆核，晚太古代又相继在其周边地段有菅等、李家庄花岗岩体侵入，并于古元古代在陆核周边出现裂谷状拗陷槽，堆积了官都岩群，覆盖在老变质岩上，形成不整合接触面。

官都岩群与李家庄片麻状花岗岩，菅等片麻状含斑花岗岩的不整合接触面形成

五台运动之后形成了古陆核。受到长达1.5亿年的剥蚀、侵蚀作用，进入古元古代后，区内晚太古

▶ 官都岩群与赞皇岩群的不整合接触面

代地壳由于受东—西向张应力作用,形成一个近南—北向展布的狭长拗陷槽,形成了上千米的磨拉石建造,该组早期沉积具冒地槽性质,晚期拗陷槽开裂加深,产生基性火山喷发,而具优地槽特征,后经变质作用生成现今的官都岩群,该组与下伏菅等片麻状含斑花岗岩、李家庄片麻状花岗岩之间形成明显的接触面。最典型的遗迹是官都南山的不整合接触面。

长城系常州沟组与菅等片麻状含斑花岗岩不整合面的形成

经过晚太古代—早元古代的地质演化,本区结晶基底已全部固结形成。进入中元古代长城纪后,由长期隆起转变为下降,逐渐开始大范围海侵,接受陆源碎屑物沉积,使常州沟组砂岩角度不整合于基底岩系之上,揭开了盖层发展阶段的序幕。表现为长城系常州沟组与菅等片麻状含斑花岗岩的不整合接触面。

寒武系与长城系之间的假整合面的形成

地质发展进入元古代晚期以后,突出特点是间断性地壳整体垂直上升为主。使寒武系与长城系之间出现了长达8.5亿年的沉积间断,寒武系底部有不稳定的砂砾岩沉积形成了假整合接触。

长城系沉积岩相构造遗迹的形成

长城系是地质学岩石地层单位,由中国命名,属中元古界的第一个系,分布于中国北方。因在长城一带发育较好,故名。长城系以陆相—浅海相碎屑沉积为主,含有以喀什迭层石为代表的迭层石组合。

不同形态的波痕之形成,滨海沙滩相及河流入海的三角洲相在潮下带受波浪的影响使潮下的松散沉积物随波浪运动而运动。平静的波浪形成了对称式波痕,近潮向带形成了不对称波痕。由于沉积环境、气候因素(风向、海潮运动模式等)、海水深浅等因素的有序变化,造就了沉积岩层面上形形色色的波痕遗迹,记录着当时的沉积环境及岩相。

五彩缤纷的泥裂沉积构造的形成。处于浅海潮间带沙堤相的沉积物,在退潮时暴露地表,在干旱的气候条件下泥皮龟裂,产生各式各样的裂纹,而后被后来的物质充填其中,固结后产生了形似龟背纹理的泥裂构造。它是当时气候环境和沉积物质来源类别变迁的真实记录。

长城系石英砂岩中形态各异的交错层理的形成,同样以其独特的形式揭示了它的生成机理。处于滨海相及河流三角洲相的交互沉积地区,由于沉积物的物源区不同,成分差异,水流方向变化,形成了不同形态的碎屑沉积层理——交错层理。

- ◀ 官都岩群与李家庄片麻状花岗岩接触面
- ◀ 长城系常州沟组与菅等片麻状含斑花岗岩不整合面
- ▲ 不同形态模式的波痕
- ◀ 常州沟组石英砂岩中交错层理

主要地层遗迹的形成

地表或地下（钻井、矿坑中）观察到的岩石单位系列。用以说明和识别某一地层单位或界线定义的典型剖面称层型。补充层型不足的为参考剖面。其他一般统称地层剖面。

▼ 菅等片麻状含斑花岗岩与王家崇片麻岩侵入接触
▶ 李家庄片麻状花岗岩与菅等片麻状（含斑）花岗岩界线

王家崇片麻岩的形成

是在中太古代时形成的侵入岩。经受后期变质混合岩化作用，使原岩发生再结晶加入了新的成分。王家崇片麻岩为邢台混合片麻岩套的组成单位。其岩石类型为中粒条带状黑云斜长片麻岩。片麻岩体内多见各类表壳岩包体（超镁铁质岩、斜长角闪岩、变粒岩）具鳞片变晶结构，个别可见有变余半自形结构，片麻状构造。

菅等片麻状含斑花岗岩与李家庄片麻状花岗岩的形成

该岩石原岩系酸性侵入岩，只是结晶粒度粗细不一，后期又经变质作用形成了具有片麻状构造的花岗岩类。而且与较老岩石地层单位接触时，均具明显的侵入关系。根据采样进行UP测时结果为2399.3百万年及2383.8百万年，时代定为晚太古代。属五台运动末期的产物。而菅等片麻状含斑花岗岩与李家庄片麻状花岗岩之间为渐变接触关系，两者的矿物成分、岩石化学成分及稀土元素特征等各方面均颇为相似。唯李家庄片麻状花岗岩岩石单位粒度较细，且不含斑晶，属同源异相花岗岩。

官都—齐家庄官都岩群典型剖面形成

进入早元古代后，区内晚太古代地质体由于受近东西向张应力作用，在西部形成了一个近南北向展布的狭长拗陷槽，堆积了上千米的官都组地层。从其岩石的组合特征可以判断，该组早期沉积，具冒地槽性质，晚期随拗陷槽裂开加深产生基性火山岩喷发，而具优地槽特征，这种冒地槽和优地槽并

存正是区内早元古代时期的沉积建造特点。

其后，大约在2000百万年～1700百万年之间，区域应力场由近东西向拉张变为挤压，上述拗陷槽开始褶皱回返，并发生绿帘—角闪岩相区域变质作用。随着挤压应力的连续，在新形成的大型褶皱翼部拐点处脆—韧性推覆剪切构造，并叠加退变质现象。与此同时，伴随有少量同构造期基性—酸性岩脉侵入。之后，地壳逐渐进入相对稳定的发展阶段。所以，目前保留下来的官都—齐家庄官都岩群典型剖面，真实记录了它形成的遗迹。

长城系常州沟组石英砂岩典型剖面的形成

经过晚太古代—早元古代的地质演化，本区结晶基底已全部固结形成。进入中元古代后，本区由长期隆起转变为下降，逐渐开始大范围海侵，接受陆源碎屑物的沉积，使常州沟砂岩角度不整合于基底岩系之上，揭开了盖层发展阶段的序幕。此时的沉积环境为浅海相或滨海潮间带沙滩相。

寒武系—奥陶系典型剖面的形成

古生代是区内盖层稳定发展时期。这个时期的突出特点是地壳整体垂直升降为主。全区普遍缺失晚奥陶到早石炭世的沉积，反映当时处于地台整体隆起剥蚀期。其余时间为整体下降接受沉积。区内各地岩性比较一致，厚度基本稳定，反映出地台内部构造分异不明显的相对稳定特征。

沉积环境寒武纪时为动荡的浅海相沉积了砂页岩、页岩、泥岩及鲕状灰岩、竹叶状灰岩、泥质灰岩等，进入奥陶纪海水深度加深，沉积了白云质灰岩、豹皮状灰岩、纯灰岩。

地貌景观资源的形成

地貌景观是在成因上彼此相关的各种地表形态的组合。如山地景观、河谷景观、湖泊景观、岩溶景观等。地貌景观的形成是地质内力和地质外力长期作用的结果。

- ▼ 崩塌作用形成的观景秀台
- ▼ 坚硬的石英砂岩长期受外力作用形成的山体

小天池变质岩峰林地貌景观的形成

峰林地貌景观的形成,经历了漫长而复杂的地质作用演化过程。同时有诸多内动力地质作用及外动力地质作用,如自然界水力的侵蚀、溶蚀、风化剥蚀,重力崩塌等。小天池景区内有中元古代形成的近南北向和近东西向X型共轭剪切破裂系统,走向北北东和北北西向的X型剪切破裂。至中生代燕山期地壳活动强化,复活了老断裂带并导致沿北北东向破裂系统的岩浆侵入。新生代喜山运动及新构造运动时期太行山区缓慢上升。区内的深谷陡崖,燕山期后基本构架完成,新生代太行山山地上升抬高,侵蚀基准面下降,外动力地质作用加强。在古地貌轮廓基础上,进而形成更加多样的幽谷、绝壁、长峡、奇峰等。

天台山构造断块桌状山地貌景观的形成

中元古界长城系常州沟组石英砂岩厚度300多米,该岩层主要为中—厚层石英砂岩组成,硅质-铁质胶结,岩性坚硬,地层产状平缓,且发育有垂直共轭节理。其上部地层形成平顶陡崖,中部地层常形成缓坡。强烈的断块抬升是形成断块桌状山地貌发育的重要前提。燕山运动以来形成了本区地貌雏形,喜马拉雅运动使山体继续抬升,为外动力地质作用塑造提供了前提。第四纪以来由于气候的冷暖交替,使得区内山体遭受强烈物理风化作用,寒冷干燥的气候使地表植被减少,岩石崩塌加剧,而突发性暴雨洪水又使侵蚀作用加剧,重力和流水过程共同作用的结果塑造了构造断块桌状山。

旅游资讯

行住吃游购娱

行

临城国家地质公园位于太行中段东麓的千年古县——临城县境内，总面积298平方千米。景区位于东经114°08′32″~114°30′00″，北纬37°23′54″~37°32′01″，是一座以岩溶洞穴为主体，融峰林地貌、嶂石岩地貌、重要地层单位标准剖面、典型滨浅海沉积特征、水体景观和人文历史古迹为一体的"人间仙境"。

外部交通

临城县位于河北省西南部，景区北距石家庄79千米，北京350千米，距邢台市50千米，太原、阳泉、天津、沧州、衡水、济南、德州、郑州、安阳、新乡等城市均在临城350千米范围内，区位优势明显。京珠高速、107国道、京广铁路切境而过，京珠高速临城有两个下路口，景区距京珠高速16千米，20分钟车程，交通十分便捷。

航空交通

正定机场有航班将石家庄与北京、郑州、长沙、广州、南京、上海等地区连接起来，现已开通21条航线，通达包括香港在内的国内24个大中城市，并开通了石家庄至俄罗斯的国际航线。

石家庄机场航班时刻表

航线	机型	航班号	班期	起飞时刻	到达时刻
石家庄至秦皇岛	EMB	MU2473	1234567	20:00	21:00
石家庄至秦皇岛	737	MU5151	1356	13:20	14:20
石家庄至哈尔滨	JET	3U8877	1234567	23:10	01:10
石家庄至上海虹桥	737	NS3219	1234567	08:40	10:25
石家庄至上海虹桥	737	MU9144	23457	11:10	12:55
石家庄至上海虹桥	737	FM9144	23457	11:10	12:55
石家庄至上海虹桥	737	MU5686	1234567	15:10	17:10
石家庄至上海虹桥	737	MU2315	123457	19:00	20:55
石家庄至上海浦东	319	HO1232	1234567	11:00	13:00
石家庄至上海浦东	737	MU5152	1356	16:50	18:40

石家庄至上海浦东	737	MU5154	1234567	07:50	07:50
石家庄至长春	EMB	MU2639	1234567	10:15	12:15
石家庄至杭州	737	MU2357	1234567	08:00	09:35
石家庄至杭州	JET	NS3211	35	19:35	21:15
石家庄至杭州	737	MF8112	1234567	19:00	20:40
石家庄至杭州	737	CZ5912	1234567	19:00	20:40
石家庄至广州	738	CZ3132	2	11:55	15:00
石家庄至广州	737	MU2357	1234567	08:00	12:25
石家庄至广州	737	NS3203	1234567	09:15	12:15
石家庄至南宁	737	NS3241	1234567	14:30	18:55
石家庄至呼和浩特	320	CZ6603	46	11:50	13:00
石家庄至呼和浩特	320	MU2767	1234567	09:55	10:55
石家庄至厦门	737	MF8112	1234567	19:00	22:50
石家庄至深圳	190	NS3267	1234567	09:00	11:45
石家庄至深圳	320	ZH9884	1234567	11:10	14:00
石家庄至深圳	320	CA3491	1234567	11:10	14:00
石家庄至大连	321	CZ6954	12567	19:40	20:50
石家庄至长沙	320	CZ6604	46	16:10	18:05
石家庄至长沙	73G	ZH3130	246	15:30	17:20
石家庄至长沙	73G	KY8076	246	15:30	17:20
石家庄至长沙	190	NS3263	1234567	08:00	12:00
石家庄至乌鲁木齐	319	CZ6953	1234567	10:20	14:25
石家庄至重庆	737	NS3241	1234567	14:30	14:30
石家庄至重庆	737	MU5205	1234567	15:20	17:35
石家庄至重庆	737	CZ5205	1234567	15:20	17:35

（仅供参考）

铁路交通

邢台火车站共有79趟列车经过，主要往来于北京西、邯郸、石家庄等地。

公路交通

北京（六里桥长途汽车站）每天14:15发车，4个半小时到达景区；济南长途客运站每天13:00发车，5个小时到达景区；石家庄南焦汽车站，邢台邢北汽车站：每30分钟一次班车，2小时到达景区。

自驾车可以沿京珠高速行驶，北方来的游客从柏乡临城出口下路，南方来的游客从临城隆尧出口下路，向西行驶16千米即可到达景区，或者沿107国道经镇内由古鲁营向西走临城大道15千米便可到达景区。

内部交通

临城地质公园处于太行山东麓。距离邢台市50千米。园区由崆山白云洞景区、天台山景区、小天池景区、岐山湖景区、古陆核地质遗迹景区5部分组成。

该地质公园集山、水、洞、林、文物为一体。境内深山、丘陵、平原等地貌齐全，群山拱翠，流泉碧潭。

临城地质公园套票为90元/人。

住

> 住宿是游客实施旅游活动的基本前提。在临城国家地质公园旅游时，游客既能享受星级宾馆酒店的豪华接待，也可选择不同风格的"农家乐"住宿体验。

临城可供住宿的地方很多，小到价格便宜的旅馆，大到设施中高档的宾馆酒店有数家；还有近百家农家乐餐馆饭店。如果去蝎子沟国家森林公园景区游玩，可以入住在这里的农家小院，朴实无华的农家菜肴为经营特色，为顾客提供最为惬意的农家乐趣。房间没有城市的复杂装修，朴素整洁，很舒适，有二人间、三人间，室内桌子、椅子、床等都是农家的摆设，价格也较低，一般游客都能接受。

岐山湖会展中心位于"两湖"生态园区北部的岐山湖畔。会展中心突出"水"、"景"、"栖"、"嬉"四大规划主题，融合欧式风格、古典皇家、南派园林和佛教文化四种文化元素，可游、可赏、可居、可玩，冀中南首家可容纳千人的四星级酒店。

岐山湖会展中心划分为休闲旅游服务接待区、皇家古建筑群、佛教文化区、游乐区和植物景观规划区等五个功能区。会展中心内有曲院风荷、平湖秋色、妙法莲华、慈航普度和川岩叠秀等众多景点。

临城宾馆饭店推荐

岐山湖旅游国际会展中心	邢台市临城岐山湖风景区
蓝天生态观光园	临城县岐山湖大道中段北侧
白云宾馆	邢台市临城县临城镇北环路
临城宾馆	临城县兴临大街248
岐山湖湖畔度假村	河北省临城县西竖镇（崆山白云洞西行2千米）
迎宾大酒店	河北省邢台市临城县
华天大酒店	河北省邢台市临城县
锦都大酒店	河北省邢台市临城县
山村酒店	河北省邢台市临城县
贸易宾馆	河北省邢台市临城县
烟草宾馆	河北省邢台市临城县
三峰山宾馆	邢台市临城县赵庄乡戎家庄村南
聚福苑酒店	河北省邢台市临城县
佳美全羊酒店	河北省邢台市临城县
交通饭店	临城镇政府附近
山村小酒店	河北省邢台市临城县
永春饭店	河北省邢台市临城县
心连心饭店	河北省邢台市临城县
岗头饭店	河北省邢台市临城县
天然居饭店	河北省邢台市临城县
新阳光饭店	河北省邢台市临城县
民族饭店	河北省邢台市临城县
占辉饭店	河北省邢台市临城县
相超饭店	河北省邢台市临城县
经济大饭店	河北省邢台市临城县
金三角饭店	河北省邢台市临城县
金开饭店	河北省邢台市临城县
南源饭店	河北省邢台市临城县
天意饭店	河北省邢台市临城县
鸿运饭店	河北省邢台市临城县
鑫鑫饭店	河北省邢台市临城县

吃

餐饮服务是贯穿于旅游活动全过程的基本内容,良好的餐饮服务是旅游活动顺利开展的保障。在临城旅游,游客既可享受宾馆酒店的美食佳肴,还可品尝到临城腌肉、临城酥鱼、菜锅煮饺子等地方风味小吃。

临城酥鱼

静卧银盘醉模样,刺酥肉嫩味悠长。闻香下马万千客,满宴山珍不再尝。广为宾客赞誉的地方名吃"临城酥鱼",选自岐山湖野生鱼(鲤鱼、草鱼、鲢鱼、鲫鱼)为原料,炝汤、加料炖焖几小时后,色泽细润,入口酥软,口味独特,被称为临城一绝。鲫鱼还可煲汤,汤色乳白,入口有奶香味儿,有较高的营养价值。

临城腌肉

有一首诗是这样描写临城腌肉的:

轻烧文火酌蘸糖,盐浸油封坛子装。

最爱农家腌肉面,饱嗝三日有余香。

每逢过年时,临城家家户户都会做腌肉,正宗的农家腌肉制作:

1. 选择黑毛、隔年猪。

2. 带皮肉切成块,大小以自己喜好为准。洗净,脱酸去腥,减少胆固醇。

3. 文火煮熟,煮肉时加盐和调料,时间以筷子插透肉为宜,捞出沥去水。

4. 趁热放入糖色中涮一下,下油锅炸,炸至金黄色捞出放入坛子,放一层肉、撒一把盐,盐别少放,不然容易变质!最后把炸肉用的油晾凉,浇在肉上封口,浇上一定量(香油、花生油、猪油)三合油。

5. 腌制。密封腌制3个月以上才算正宗农家腌肉。如用三合油密封可存放18个月。

食用方法：

炖菜，做汤或者与蔬菜煎炒，并能做馅食用。

这农家的腌肉，仿佛比酥鱼更具有家常的味道，肥而不腻，真的是满口余香，三日不绝。

苦累（蒸菜）

槐花、麦蚱、榆钱等为主料，将菜蔬掺入玉米面或白面及适量食盐拌匀，上笼屉蒸熟，食用时可沾蒜泥。

临城黑鱼炖茄子

野生黑鱼产自岐山湖及下游苇地一带。蛋白质含量高、质量好，含有人体所需的氨基酸，易被人体吸收。与茄子共炖，味道更加鲜美。

菜锅煮饺子（又名里外香）

在大锅菜快炖熟时，将包好的肉馅饺子放入锅内煮熟，饺子里外香醇，味道极好。

山韭菜花杂面汤

把绿豆磨成面，配少量的黄豆（去皮），掺水搅拌，一天后，碾成细粉。加少量面粉和成硬面，擀薄切细面条，煮熟后烹山韭菜花倒入即可。

游

临城县旅游资源丰富，集洞、山、水、林、人文历史及生态农业观光等资源于一体，具有发展旅游业得天独厚的自然优势。

普通游览线路

一日游

崆山溶洞、国家地质公园博物馆、岐山湖(免票)——（下午）天台山或丰乐园。

二日游

【第一天】崆山溶洞，天台山——（下午）蝎子沟（入住清凉山庄）

【第二天】蝎子沟——（下午）岐山湖（免票）、丰乐园送团

周边联合线路

一日游

崆山溶洞——邢台大峡谷或前南峪

华北金三角2日游

崆山溶洞——赵州桥、柏林禅寺（免票）——天河山

门票价格：

崆山溶洞：70元

天台山：30元

蝎子沟国家森林公园：15元

丰乐园：30元

地学科普旅游线路

（1）白云洞洞内、外科普活动路线，普及岩溶及其相关知识；

（2）小天池森林区科普活动路线，普及植被、植物资源、生态环境及其保护知识；

（3）天台山路线，普及流水动力作用形成的沉积岩层理特征、层面构造及其古环境；内外动力地质作用对地貌景观的改造等知识；

（4）古陆核变质岩地层路线，普及古老变质岩及其形成方面的知识；

（5）公园附近泜河—岐山湖路线，作为普及水湿生态环境、水资源、水环境知识的路线。

购

旅游购物，是现代旅游活动的重要组成部分，也是旅游活动的扩展和延伸。临城国家地质公园地处太行山东麓，是水体景观和人文历史古迹为一体的"人间仙境"，自然环境优越，物产相当丰富。游客在旅游活动中或结束后，购买一些当地出产的土特产品、工艺品或其他物品，以作为旅游活动的纪念，或馈赠亲友的礼品。

绿森苹果

苹果，又名柰、频婆、天然子，苹果为蔷薇科，苹果属植物的果实。苹果酸甜可口，营养丰富，是老幼皆宜的水果之一。临城有一首诗形容临城的绿森苹果：

富士累累枝渐沉，嫣嫣笑脸绽霞云。
果香横溢大山外，千里逢人问绿森。

临城山韭花

不与春风争艳放，偏迎秋露绽山岗。
城乡主妇人皆爱，两朵烹出满院香。

野韭菜花是太行山区很普通的一种花，又是困难时期的一种特别的调味品。

临城大串杆枣

枝枝玛瑙累累玉，甜过蟠桃脆过梨。
王母偶尝贵土地，西天宴上怎缺席？

临城大枣，又名临城大串杆枣，主产河北临城县，是一个鲜食、制干、加工兼用的优良品种。

药用价值：它是一种缓和滋补剂，经常食用，对身体虚弱、脾胃不和、消化不良、劳伤咳嗽等患者很有好处。它含有丰富维生素C，对抗癌防癌有重要作用。维生素PP有健全人体毛细血管的重要作用，能防治心血管疾病和高血压。红枣、浮小麦、甘草煎服，对血小板减少性紫癜和神经衰弱具有调补作用。中医学认为，枣能补肾益气、滋润心肺、

生津养颜、通九窍、助二经、和百药，可见药用价值之高。

绿岭薄皮核桃

金秋绿岭谁剪裁，情满枝头爱满怀。轻手慢捏小心捧，清香扑面玉仁来。

这就是绿岭薄皮核桃。果面光滑美观，缝合线紧而平且不突出，"绿岭"核桃以皮薄、仁丰、色正、营养丰富而闻名，用手轻轻一捏即开，取仁非常方便；内种皮浅黄色，无涩味，种仁饱满浓香；含有丰富的蛋白质、脂肪、矿物质和维生素；防止细胞老化，能健脑、增强记忆力和延缓衰老；防止头发过早变白和脱落，缓解疲劳和压力；防止动脉硬化、高血压和冠心病。

临城县被中国经济林协会正式命名为"中国核桃之乡"。"绿岭"商标被认定为河北省著名商标。

吃核桃小贴示

1. 核桃不宜食多核，桃仁所含的不饱和脂肪酸，虽然有利于清除胆固醇，但过多食用又不能被充分利用，就会被储存起来，结果适得其反。一般来说，每天食用核桃应4至5个。同时应适当减少其它脂肪摄入，避免热量摄入过高。

2. 上火腹泻不宜吃，中医认为，核桃火气大，含油脂多，吃多了会令人上火和恶心。

3. 吃核桃仁应少饮浓茶，核桃仁有通便作用，但核桃外壳煮水却可治疗腹泻。核桃仁含鞣酸，可与铁剂及钙剂结合降低药效。吃核桃仁时应少饮浓茶。

4. 不要将核桃仁表面的褐色薄皮剥掉，不然会损失一部分营养。

绿岭柴鸡蛋

绿岭柴鸡在核桃林里自由放养，纯天然，周边没有任何污染，山清水秀，以苜蓿草、各种叶草籽昆虫为食，适量补饲鱼粉、玉米、麸皮、谷糠等。绝对不加任何激素饲料。高品质、高营养，色彩明艳，蛋黄呈橙红色，且不见阴影，口感细腻，味道鲜美。已通过国家有机食品认证。

临城腌肉

腌猪肉是临城县山区人们在丰富多彩的生活实践中，经过长期探索而独创的一种常年储存猪肉的独特生活技艺。经多项程序腌制的猪肉，存储

后，风味浓郁。

邢窑白瓷

邢窑除烧造白瓷外，还制青、黑、黄釉瓷等产品。而白瓷亦分粗细两种，邢窑白瓷胎质坚实，胎质细洁纯白，器内施满釉，器外釉不到足。在胎、釉之间有一层化妆土，作为护胎釉。尤为难得的是，其细白瓷的釉面光滑，色泽雪白莹润，陆羽《茶经》中所赞"邢瓷类银"，"邢瓷类雪"，便是指其釉色而言。

邢窑产品器型规整，制作精致，有碗、盘、钵、托子、杯、砚、盒、瓶、壶、罐等，多为日常用品，均少带纹饰，以突显釉质之美，风格朴素淡雅。

临城柿子

老干虬枝叶若篷，磨盘欲坠水瓜青。

晨风才报秋霜讯，忽见西山片片红。

柿果多为涩果，果实扁圆形，在果实基部有一横条状缢痕，呈磨盘状，故名磨盘柿。据《本草纲目》记载："生柿置器中自红者，谓之烘柿；日干者，谓之白柿；火干者，谓之乌柿；水浸藏者，谓之醂柿。"

石城粉条

柔若弦鞭亮若晶，传统工艺细做成。

沸锅比武肉先烂，主灶敢缺席不丰。

石城小米

银镰伴着彩霞舞，热汗化成新穗飞。

秋满山乡金灿灿，粥香万里故人回。

每周至少吃三顿粗粮，粗细搭配有益健康。

核桃工艺品

核桃乃吉祥之物，核字谐音"和（合）"，是合家欢乐、幸福平安、和气生财、家和万事兴的象征。核桃工艺品取材太行山脉野生山核桃为原料，充分利用了野生山核桃外壳质地坚硬、内部花纹优美、风格古朴的特点，经科技处理，加之截、磨、抛光、粘接、细雕等十几道工序精制而成。各类工

艺品均采用野生山核桃成型，产品外形高贵典雅、色泽古朴。天然镂空花纹与独具匠心的设计，使传统的艺术、自然与人文得到完美的结合与展示。产品在露出它美丽身姿的同时，还散发出自然的核桃清香，不仅给你带来赏心悦目、亲近自然之美感，又将给你带来吉祥平安、生意兴隆、财源广进、仕运亨通的好运，具有很高的收藏及纪念价值。

布是一种纯天然的绿色环保产品，产品对皮肤无任何刺激，不仅抗静电、不起球、透气性强，还具有独特的自然按摩特点，能增加人体的微循环，调节神经、改善睡眠质量……

老粗布

随着"崇尚绿色、回归自然"的观念逐渐成为一种时尚，手工纺织的纯棉老粗布家居用品在退出人们生活几十年后，又成了人们的"新宠"。手工粗

娱

> 旅游活动中的休闲娱乐,是为满足游客更高层次的娱乐需求,主要是指康体娱乐机构所提供的服务,同时也包含了全部旅游活动中可以给游客带来愉悦感受的景观、人物和事件等要素。

旅游活动中的休闲娱乐,是为满足游客更多层次的娱乐需求,主要是指康体娱乐机构所提供的服务,同时也包含了全部旅游活动中可以给游客带来愉悦感受的景观、人物和事件等要素。临城国家地质公园以县城为中心的城镇内,歌舞厅、影剧院、俱乐部、文化广场、健身中心、养生会所、度假村等休闲娱乐场所众多,游客可以根据自己的兴趣和需要,选择不同的休闲娱乐项目,充分享受身心愉悦的服务。临城民间艺术表演形式颇多,主要有临城南调、秧歌、舞狮、舞龙、旱船、高跷、大鼓等传统表演形式。古朴典雅,繁花似锦,人们用传统的歌舞和古老的观庆活动来延续文化的火种,代代相传,经久不息,传统的历史文化成为临城县文化活动的深厚文化背景。尽显了千年古城丰富的历史文化底蕴,也为旅游活动增添了充满地方文化色彩的内容。尤其是在旅游活动结束后的休闲娱乐,更能有效地帮助游客尽快恢复疲劳,带着对临城山水风物的美好记忆,身心俱健地踏上归途。

临城南调

南调是豫剧的前身,又称河南调,是一个古老的剧种。临城南调演出所用的服装道具、功法等与现代豫剧基本吻合,但有些板式、唱法与现代豫剧有明显的区别,比如在家伙腔里的韵调高低起伏特别悬殊,但悦耳动听,又能将戏剧人物刻画的淋漓尽致。在清末传入该县赵庄、虎道等村,传承全靠一代一代地口传身授。南调传入本地以后,吸收了本地的优秀文化,与本地语言、民俗相融合,形成了具有临城地方特色的南调文化。除用于大戏演出外,也用于民间小班,还可以自娱自乐,长期在民间流传,深受群众喜爱。

临城南调主要乐器有:板胡、二胡、笙、三弦、低音胡、竹笛、唢呐、点、鼓、锣、手锣、梆子等。临城南调常演剧目有《燕王扫北》、《辕门斩子》、《秦琼投朋》、《敬德背鞭》、《刘玉娥行会》、《五女兴唐传》、《天子路》、《打金枝》、《马三保征东》、《清查府》等。

新中国成立后,临城南调达到鼎盛时期。文革时期,临城南调被当成"四旧"遭到破坏而致衰落,之后,很少有人传唱临城南调,将濒临灭绝,急需抢救。现在临城南调老艺人,仅存赵庄村岳礼祥、王歪小二人,且年龄都在75岁以上。目前他们正全力培养下一代接班人,使这一戏曲艺术能得到世代传承。

近年来,临城县大力挖掘发展本土文化,使面临失传的"南调"重新焕发了生机,深受广大群众的喜爱。2008年被列为河北省非物质文化遗产名录。

中国国家地质公园丛书编制出版编目
ZHONGGUO GUOJIA DIZHIGONGYUAN CONGSHU BIANZHI CHUBAN BIANMU

卷本编号	分册序号	国家地质公园名录		卷本编号	分册序号	国家地质公园名录
第一卷		**北京卷**		2	140	吉林长白山火山国家地质公园
1	025	北京石花洞国家地质公园		3	181	吉林乾安泥林国家地质公园
2	036	北京延庆硅化木国家地质公园		4	207	吉林抚松地质公园
3	062	北京十渡国家地质公园		**第八卷**		**黑龙江卷**
4	166	北京密云云蒙山国家地质公园		1	006	黑龙江五大连池火山地貌国家地质公园 ■
5	175	北京平谷黄松峪国家地质公园		2	024	黑龙江嘉荫恐龙国家地质公园
第二卷		**天津卷**		3	083	黑龙江伊春花岗岩石林国家地质公园
1	019	天津蓟县国家地质公园		4	090	黑龙江镜泊湖国家地质公园
第三卷		**河北卷**		5	127	黑龙江兴凯湖国家地质公园
1	027	河北涞源白石山国家地质公园		6	179	黑龙江伊春小兴安岭国家地质公园
2	029	河北秦皇岛柳江国家地质公园		7	219	黑龙江凤凰山地质公园
3	032	河北阜平天生桥国家地质公园		**第九卷**		**上海卷**
4	069	河北赞皇嶂石岩国家地质公园		1	138	上海崇明岛国家地质公园
5	070	河北涞水野三坡国家地质公园		**第十卷**		**江苏卷**
6	100	河北临城国家地质公园		1	075	江苏苏州太湖西山国家地质公园
7	108	河北武安国家地质公园		2	121	江苏六合国家地质公园
8	165	河北兴隆国家地质公园		3	158	江苏江宁汤山方山国家地质公园
9	170	河北迁安—迁西国家地质公园		**第十一卷**		**浙江卷**
10	192	河北邢台峡谷群国家地质公园		1	026	浙江常山国家地质公园
11	206	河北承德丹霞地貌地质公园		2	038	浙江临海国家地质公园
第四卷		**山西卷**		3	047	浙江雁荡山国家地质公园
1	030	黄河壶口瀑布国家地质公园		4	055	浙江新昌硅化木国家地质公园
2	120	山西五台山国家地质公园		**第十二卷**		**安徽卷**
3	133	山西壶关峡谷国家地质公园		1	012	安徽黄山国家地质公园 ■
4	134	山西宁武冰洞国家地质公园		2	028	安徽齐云山国家地质公园
5	177	山西陵川王莽岭国家地质公园		3	035	安徽浮山国家地质公园
6	183	山西大同火山群国家地质公园		4	041	安徽淮南八公山国家地质公园
7	191	山西平顺天脊山国家地质公园		5	060	安徽祁门牯牛降国家地质公园
8	195	山西永和黄河蛇曲国家地质公园		6	089	安徽天柱山国家地质公园
第五卷		**内蒙古卷**		7	092	安徽大别山（六安）国家地质公园
1	014	内蒙古克什克腾国家地质公园 ■		8	145	安徽池州九华山国家地质公园
2	066	内蒙古阿尔山国家地质公园		9	182	安徽凤阳韭山国家地质公园
3	122	内蒙古阿拉善沙漠国家地质公园		10	198	安徽广德太极洞国家地质公园
4	147	内蒙古二连浩特国家地质公园		11	200	安徽丫山国家地质公园
5	159	内蒙古古城国家地质公园		**第十三卷**		**福建卷**
6	208	内蒙古巴彦淖尔地质公园		1	008	福建漳州滨海火山地貌国家地质公园
7	210	内蒙古鄂尔多斯地质公园		2	021	福建大金湖国家地质公园 ■
第六卷		**辽宁卷**		3	058	福建晋江深沪湾国家地质公园
1	049	辽宁朝阳鸟化石国家地质公园		4	067	福建福鼎太姥山国家地质公园
2	125	大连滨海国家地质公园		5	078	福建宁化天鹅洞群国家地质公园
3	130	辽宁本溪沟国家地质公园		6	091	福建德化石牛山国家地质公园
4	137	大连冰峪沟国家地质公园		7	096	福建屏南白水洋国家地质公园
第七卷		**吉林卷**		8	103	福建永安国家地质公园
1	077	吉林靖宇火山矿泉群国家地质公园		9	149	福建连城冠豸山国家地质公园

卷本 分册 编号 序号	国家地质公园名录
10 167	福建白云山国家地质公园
11 194	福建平和灵通山国家地质公园
12 197	福建政和佛子山国家地质公园

第十四卷　江西卷

1	004	江西庐山第四纪冰川国家地质公园
2	011	江西龙虎山丹霞地貌国家地质公园
3	102	江西三清山国家地质公园
4	124	江西武功山国家地质公园

第十五卷　山东卷

1	018	山东山旺国家地质公园
2	034	山东枣庄熊耳山国家地质公园
3	079	山东东营黄河三角洲国家地质公园
4	086	山东泰山国家地质公园
5	101	山东沂蒙山国家地质公园
6	114	山东长山列岛国家地质公园
7	144	山东诸城恐龙国家地质公园
8	164	山东青州国家地质公园
9	185	山东莱阳白垩纪国家地质公园
10	202	山东沂源鲁山地质公园

第十六卷　河南卷

1	003	河南嵩山地层构造国家地质公园
2	022	河南焦作云台山国家地质公园
3	037	河南内乡宝天幔国家地质公园
4	045	河南王屋山国家地质公园
5	051	河南西峡伏牛山国家地质公园
6	054	河南嵖岈山国家地质公园
7	088	河南郑州黄河国家地质公园
8	099	河南关山国家地质公园
9	107	河南洛宁神灵寨国家地质公园
10	110	河南洛阳黛眉山国家地质公园
11	117	河南信阳金刚台国家地质公园
12	173	河南小秦岭国家地质公园
13	176	河南红旗渠—林虑山国家地质公园
14	211	河南汝阳恐龙国家地质公园
15	214	河南尧山地质公园

第十七卷　湖北卷

1	073	长江三峡国家地质公园（湖北）
2	104	湖北神农架国家地质公园
3	132	湖北木兰山国家地质公园
4	136	湖北郧县恐龙蛋化石群国家地质公园
5	143	湖北武当山国家地质公园
6	171	湖北大别山（黄冈）国家地质公园
7	203	湖北五峰地质公园
8	213	湖北咸宁九宫山—温泉地质公园

第十八卷　湖南卷

卷本 分册 编号 序号	国家地质公园名录
1 002	湖南张家界砂岩峰林国家地质公园
2 042	湖南郴州飞天山国家地质公园
3 043	湖南莨山国家地质公园
4 098	湖南凤凰国家地质公园
5 118	湖南古丈红石林国家地质公园
6 126	湖南酒埠江国家地质公园
7 154	湖南乌龙山国家地质公园
8 169	湖南湄江国家地质公园
9 196	湖南平江石牛寨国家地质公园
10 218	湖南浏阳大围山地质公园

第十九卷　广东卷

1	016	广东丹霞山国家地质公园
2	031	广东湛江湖光岩国家地质公园
3	081	广东佛山西樵山国家地质公园
4	085	广东阳春凌霄岩国家地质公园
5	093	广东深圳大鹏半岛国家地质公园
6	097	广东封开国家地质公园
7	135	广东恩平地热国家地质公园
8	168	广东阳山国家地质公园

第二十卷　广西卷

1	044	广西资源国家地质公园
2	050	广西百色乐业大石围天坑群国家地质公园
3	053	广西北海涠洲岛火山国家地质公园
4	106	广西凤山岩溶国家地质公园
5	123	广西鹿寨香桥岩溶国家地质公园
6	156	广西大化七百弄国家地质公园
7	163	广西桂平国家地质公园
8	189	广西宜州水上石林国家地质公园
9	199	广西浦北五皇山国家地质公园

第二十一卷　海南卷

1	074	海南海口石山火山群国家地质公园

第二十二卷　重庆卷

1	065	重庆武隆岩溶国家地质公园
2	073	长江三峡国家地质公园（重庆）
3	084	重庆黔江小南海国家地质公园
4	131	重庆云阳龙缸国家地质公园
5	160	重庆万盛国家地质公园
6	178	重庆綦江木化石—恐龙国家地质公园
7	209	重庆酉阳地质公园

第二十三卷　四川卷

1	007	四川自贡恐龙古生物国家地质公园
2	010	四川龙门山构造地质国家地质公园
3	017	四川海螺沟国家地质公园
4	020	四川大渡河峡谷国家地质公园
5	033	四川安县生物礁国家地质公园

中国国家地质公园丛书编制出版编目
ZHONGGUO GUOJIA DIZHIGONGYUAN CONGSHU BIANZHI CHUBAN BIANMU

卷本编号	分册序号	国家地质公园名录	卷本编号	分册序号	国家地质公园名录
6	046	四川九寨沟国家地质公园	2	030	黄河壶口瀑布国家地质公园
7	048	四川黄龙国家地质公园	3	039	陕西洛川黄土国家地质公园
8	064	四川兴文石海国家地质公园 ■	4	111	陕西延川黄河蛇曲国家地质公园
9	094	四川射洪硅化木国家地质公园	5	162	陕西商南金丝峡国家地质公园
10	095	四川四姑娘山国家地质公园	6	180	陕西岚皋南宫山国家地质公园
11	113	四川华蓥山国家地质公园	7	193	陕西柞水溶洞国家地质公园
12	119	四川江油国家地质公园	8	215	陕西耀州照金丹霞地质公园
13	152	四川大巴山国家地质公园	第二十八卷		甘肃卷
14	157	四川光雾山—诺水河国家地质公园	1	013	甘肃敦煌雅丹国家地质公园
15	212	四川青川地震遗迹地质公园	2	023	甘肃刘家峡恐龙国家地质公园
16	218	四川绵竹清平—汉旺地质公园	3	061	甘肃景泰黄河石林国家地质公园
第二十四卷		贵州卷	4	071	甘肃平凉崆峒山国家地质公园
1	052	贵州关岭化石群国家地质公园	5	155	甘肃和政古生物化石国家地质公园
2	063	贵州兴义国家地质公园	6	172	甘肃天水麦积山国家地质公园
3	080	贵州织金洞国家地质公园	7	190	甘肃炳灵丹霞国家地质公园
4	082	贵州绥阳双乌河洞国家地质公园	8	201	甘肃张掖丹霞地质公园
5	115	贵州六盘水乌蒙山国家地质公园	第二十九卷		青海卷
6	128	贵州平塘国家地质公园	1	068	青海尖扎坎布拉国家地质公园
7	150	贵州黔东南苗岭国家地质公园	2	105	青海久治年宝玉则国家地质公园
8	153	贵州思南乌江喀斯特国家地质公园	3	112	青海格尔木昆仑山国家地质公园
9	204	贵州赤水丹霞地质公园	4	116	青海互助嘉定国家地质公园
第二十五卷		云南卷	5	174	青海贵德国家地质公园
1	001	云南石林岩溶峰林国家地质公园 ■	6	205	青海青海湖地质公园
2	005	云南澄江动物群古生物国家地质公园	7	219	青海玛沁阿尼玛卿山地质公园
3	015	云南腾冲火山国家地质公园	第三十卷		宁夏卷
4	056	云南禄丰恐龙国家地质公园	1	076	宁夏西吉火石寨国家地质公园
5	059	云南玉龙黎明—老君山国家地质公园	2	151	宁夏灵武国家地质公园
6	087	云南大理苍山国家地质公园	第三十一卷		新疆卷
7	141	云南丽江玉龙雪山冰川国家地质公园	1	057	新疆布尔津喀纳斯湖国家地质公园
8	146	云南九乡峡谷洞穴国家地质公园	2	072	新疆奇台硅化木—恐龙国家地质公园
9	184	云南罗平生物群国家地质公园	3	109	新疆富蕴可可托海国家地质公园
10	188	云南泸西阿庐国家地质公园	4	142	新疆天山天池国家地质公园
第二十六卷		西藏卷	5	148	新疆库车大峡谷国家地质公园
1	040	西藏易贡国家地质公园	6	186	新疆吐鲁番火焰山国家地质公园
2	129	西藏札达土林国家地质公园	7	187	新疆温宿盐丘国家地质公园
3	161	西藏羊八井国家地质公园	第三十二卷		香港卷
第二十七卷		陕西卷	1	138	香港国家地质公园
1	009	陕西翠华山山崩地质灾害国家地质公园			

注：① 《中国国家地质公园丛书》分册编目序号，按照国土资源部公布的各批国家地质公园名录顺序编列。该序号为该公园专用号。
② 《中国国家地质公园丛书》卷本编号按中国地图集各省(市、区)排序编列。
③ 本编目截至2011年12月30日国土资源部公布的第六批国家地质公园资格。
④ ■ 为已出版书目。